W0184960

SIMONE VANDELLI

ESSERE DONNA... CHE FATICA!

MONDADORI

SOMMARIO

INTRODUZIONE

Durante il ciclo di un'intera vita una persona normale può incontrare all'incirca ottantamila persone, fidanzarsi con tre, sposarsi con una e procrearne da una a quattro.
Ma questa è la vita degli altri, non la mia. Perché, di quelle ottantamila persone, non ne sopporto il 99,9 per cento, probabilmente; dieci incontri al giorno sono rappresentati da casi umani che ci provano in modi che lasciano a desiderare e un'altra buona fetta - cento/duecento l'anno - è composta da ragazze che odio perché fanno le carine con il ragazzo che mi piace. Tuttavia, per evitare che finisca a capelli strappati e insulti (con riferimenti al mestiere più antico del mondo), le saluto sempre con un sorriso e il tipico: «Ciao amo, tutto bene? Sei FA-VO-LO-SA oggi!».
Eh già, sto affrontando questa giungla di psicopatici, casi umani e soggetti imbarazzanti pensando che prima o poi la favola del tanto sognato Principe Azzurro diventi realtà e che finalmente la sola dolce donzella in pericolo che il Principe salverà sarò io.
Ma forse in un'altra vita, perché questa per ora sta andando tutta in discesa. Sì, solitamente è una cosa buona, una cosa che si dice quando tutto va a gonfie vele, ma la mia vita va in discesa nel senso che va a rotoli: io sono in caduta libera, su una bici senza freni. E sto per schiantarmi a 180 km/h contro un muro.

È così: gli unici "principi" che hai conosciuto assomigliavano più a un rospo che a nobili rampolli e non si sono trasformati nemmeno dopo un bacio?
Anzi, di solito quei rospi si innamorano pure di te, follemente, e ti ossessionano gracchiandoti improbabili "Ti amo" e invocando un bacio.
Tu puoi rispondere: «Devo andare, è la vita: o restare e morire».
Ehi, ma sto davvero citando Giulietta e Romeo o l'ho solo letto sullo Scottex? (che poi, perché la carta da cucina deve contenere citazioni romantiche quando magari la usi per pulirti la bocca dopo che hai sbavato guardando le foto di qualche bella ragazza su Instagram?).
Comunque, il punto è che per questi poveri disperati quell'unico bacio si trasforma melodrammaticamente nel più bel momento della loro vita – figurati un po'! – e si intestardiscono a conquistarti: un incubo di proporzioni incalcolabili. In tutto questo, l'unica tua colpa è stata baciarli in discoteca in un momento in cui la tua lucidità mentale era andata a bere un superalcolico al bar.
Così, spesso va a finire che la mattina seguente accendi il telefono e ti ritrovi 155 WhatsApp inviati da "TIPODISCOTECA", perché sì, distrattamente gli hai anche dato il tuo numero, non sapendo che ti saresti svegliata con un mal di testa che il parto di Atena dalla fronte di Zeus al confronto non era niente.
Ed ecco che ti trovi sommersa da una mole di frasi così stupide che ti devi fare l'insulina, oltre a una bella doccia fredda per farti scendere l'ansia. Ti si gela il sangue, inizia a formicolarti

la mano, vedi sfocato, balbetti parole a caso, così incomprensibili che anche la tua migliore amica, la prima a cui telefoni, pure lei disintegrata dalla serata, farà fatica a decifrare. Entri immediatamente nel panico al centocinquantaseiesimo messaggino d'amore e avrai il solito déjà-vu; già, perché non è la prima volta che succede, lo sai benissimo in che guaio ti sei cacciata: l'ennesimo caso umano da *friendzonare*.
In parole povere, si tratta di un'altra triste vittima appartenente al sesso maschile che si è convinta di essere il tuo nuovo fidanzato! Cercherai di fargli capire con gentilezza, e frasi trite e ritrite, che quello che è successo è stato un errore incredibile e che rimarrete amici e solo amici perché è meglio per entrambi. Ottenendo il tragico risultato di distruggere le sue illusioni e sentirti orribilmente in colpa. A questo punto, per istinto di sopravvivenza, conviene cambiare strategia e scaricare la responsabilità di quello che è successo sull'abuso di alcolici in discoteca, promettendo a te stessa e al mondo intero di non bere mai più neanche un po' di vino annacquato ed evitare, per il resto della vita, qualsiasi contatto con l'alcol. In alternativa, se non funziona la tattica, bisogna essere dirette e spiegargli chiaramente che quel bacio era solo frutto di gradazioni alcoliche mal miscelate. Con i rospi più insistenti, quelli che non si arrendono davanti a niente, non ti resterà che seguire la dura legge della giungla: essere spietata e (pur sapendo che non ha fatto assolutamente nulla di male) far sentire in colpa lui perché si è indecorosamente approfittato di una povera ragazza indifesa, colta

saimon_mh
I PRINCIPI DELLE ALTRE:
IL MIO:
Piace a Fragolia96 e altri 109.376

da un istante di debolezza! Vergogna!
Ma, almeno, tu sarai riuscita anche questa volta a scaricare uno sfigato, liberandotene definitivamente.
Bisogna pur sopravvivere: la vita di una ragazza può essere molto dura.

SIMONE: Mi intrufolo solo con una considerazione, non posso trattenermi. Il resto lo lascio alla voce femminile, ma questo vale davvero per tutt*: qualunque sia il vostro punto di vista, cari ragazzi e ragazze, cari giovani affetti da amore-patia, ragazze ansiose per la risposta a un messaggio importante, persone di tutti i generi che tremano, vibrano, smaniano e che in comune tra loro hanno la dote della palpitazione sentimentale, quella che aumenta il ritmo della respirazione, aumenta la salivazione e la sudorazione... Voglio ricordarvi che, in tutte queste effusioni, travolti da voi stessi e dagli ormoni, c'è una cosa che non dovete dimenticare, e c'è un bel proverbio che ce la tramanda:
La puzzola non sente e mai sentirà la puzza del suo corpo.
Quindi, se vi dico di lavarvi, se vi consiglio di lavarvi, dovete solo fare due cose: fidarvi di me e subito dopo... LAVARVI!

PERCHÉ TUTTI A ME?

CASI UMANI

CASI UMANI
CASI UMANI
CASI UMANI
CASI UMANI
CASI UMANI

CASI UMANI
CASI UMANI
CASI UMANI
CASI UMANI
CASI UMANI
CASI UMANI

Ogni mattina in Africa, al sorgere del sole, una gazzella si sveglia e sa che dovrà correre più veloce del leone, altrimenti verrà mangiata.
Ogni mattina, alla fermata del bus, una ragazza sa che dovrà evitare di incrociare lo sguardo di tutti i casi umani che si troverà davanti, nel raggio di pochi centimetri, durante le successive ventiquattro ore. Lo dovrà fare, se vuole sopravvivere.
Ogni giorno, anche io devo prepararmi a combattere contro casi umani di tutti i tipi. I più diffusi sono quelli che ci provano spudoratamente pensando di avere un fascino alla Di Caprio ai tempi di *Titanic*, quando poi in realtà assomigliano più all'iceberg. Con questi devo ricorrere a strategie speciali perché capiscano da subito che non ci sono chance.

CI VUOLE GENIO, APPLICAZIONE, CREATIVITÀ, FRASI LAPIDARIE, TIPO...

"Non posso stare con te: ho già una relazione difficile con il mio alter ego...". Con una risposta di questo tipo li lasci talmente a bocca aperta che non possono aver modo di rispondere, non hanno nemmeno capito chi sia questo "Alter", quindi non si rischia di tirarla in lungo. Così terminiamo il milionesimo rapporto fallimentare e siamo pronte per passare al prossimo. Perché sì, quando è sicuro che di ragazzi dal fascino di Di Caprio ne capitino uno ogni cometa di Halley, i casi umani sono come le formiche: se ne vedi una, stai pur tranquilla che da lì a pochi centimetri c'è l'intero formicaio. Se ne stanno ad aspettarti pazientemente in coda, come

se avessero trovato una zuccheriera aperta. Costanti e molesti come la goccia d'acqua che perde dal lavandino del bagno.
Ecco come riconoscerli (e neutralizzarli) senza sprecare tempo ed energie.

PERCHÉ IL TEMPO È PREZIOSO! E LO DOBBIAMO IMPIEGARE NELLA RICERCA DEL PRINCIPE, *GIRLS*!

Dunque, non fatevi fregare, i casi umani sono tutti ugualmente importuni anche se sembrano benintenzionati. In particolar modo state attente a quella speciale fetta di casi umani romantici, quelli che hanno sempre l'approccio con la frase pronta. Usano la stessa, è uguale per tutte, e l'hanno studiata fin dai tempi della scuola materna. Trovare una risposta degna per lasciarli di stucco, beh, potrebbe rivelarsi complicato.

PRENDIAMO IL TIPO PASSIONALE, QUELLO CHE USA LA CHIUSA IN SPAGNOLO PER CONQUISTARTI...
"Ehi, bellissima... sei l'unica ad avermi rubato il... CORAZÓN".
Ha detto proprio così: il corazón!? No, impazzisco: ma ce la fa? Ma è proprio in questo momento, invece, che ci è richiesta la calma: le nostre sinapsi devono correre alla velocità della luce per trovare una risposta appropriata che possa scoraggiare il nostro spavaldo sfigato per l'eternità e molto oltre. Come? Con un insulto? No, troppo volgare... Con un silenzio tombale? No, passeremmo poi dalla parte di quelle che

si fanno mettere i piedi in testa. No, no, niente di tutto questo, l'ultima spiaggia, la più adatta, è restituirgli il gioco di parole. E deve essere peggiore del suo. Roba da rifletterci, rifletterci... ma spremersi le meningi proprio...
Corazón, cora-zón, che ore son? Eccola, trovata!
"Ch'ora son? Sono le 15.37... (e un secondo dopo, diventando improvvisamente aggressiva) Ma poi, scusa, ma cos'è che ti avrei rubato io? Eh? Mi dai della ladra? Oh, ma levati subito prima che ti denunci, MANIACO!".
Il nostro affettuoso e passionale poeta fallito non avrà altra alternativa che scappare via e andarsene nella sua cameretta per pensare a cosa ha sbagliato. Ma come? La strategia CORAZÓN gli sembrava una certezza assoluta! Breve e dritta al punto, come la freccia di Cupido!
Un tipo così non è abituato al rifiuto, non sa proprio come gestirlo, non sa farsene una ragione. Forse non varcherà mai più la soglia della sua stanza.
Il fatto è, caro mio, che non hai calcolato che siamo donne e che riusciamo a trovare un ago in un pagliaio, o a smascherare la formica perdente in un intero formicaio.

MA NON C'È SOLO LUI TRA QUELLI DA EVITARE COME LA PESTE; PASSIAMO CON SCIOLTEZZA AL PROSSIMO CASO UMANO: IL NOTTAMBULO.
Apparentemente sembra rientrare tra quelli più innocui perché, come dice il nome, agisce soltanto di notte. Non sottovalutatelo e ricordate:

esiste la modalità "aereo" e la potete, o meglio, DOVETE usare anche senza necessariamente dovervi imbarcare su un aereo. È importante, perché questo tipo non spunta mai prima di mezzanotte, come i vampiri, e lo fa tramite la messaggistica. Non ti verrà mai a parlare dal vivo perché è molto timido di persona, eppure sullo smartphone è un'altra cosa: si trasforma in un vero e proprio latin lover! Il suo approccio, unico e sempre uguale, sarà un messaggio poco prima di andare a dormire che sottilmente vi incolperà della sua infelicità esistenziale, rovesciandovi addosso la colpa della sua insonnia: "Ehi, non riesco a dormire senza di te...".
Qui non abbiamo bisogno di perderci in riflessioni arzigogolate ma dobbiamo bloccarlo proprio sul nascere, velocemente, con un breve ma incisivo:
"Io invece sì. Notte".
Poi attiviamo la modalità "aereo" e... partiamo per il nostro mondo dei sogni d'oro.

È LA VOLTA DEL TERZO CASO UMANO, UNO DEI PIÙ PERSISTENTI E FAMOSI DI SEMPRE: IL CASO UMANO DEL "CHE FAI?".
Questa particolare specie ha un unico modo di approcciare una ragazza, chiedendole sempre e solo: "Che fai?".
"Che fai?" lo chiederebbero anche alla cagna dei vicini, a una picciona, a una pantegana.
In effetti non hanno altri argomenti da proporre, quindi pensano che la ragazza possa iniziare un discorso tutto suo, che loro non ascolterebbero

comunque, mentre la analizzano con lo scanner total body per poi, al primo silenzio, tentare di continuare la conversazione con un bel "E stasera, che fai?". Oh, ma se ti ho appena detto che sono impegnatissima fino al DUEMILA-E-SEMPRE, lo vuoi capire?
Il punto è che sbagliamo noi, perché al primo messaggio "Che fai?", bisogna riuscire a farsi ascoltare da questi individui, di modo che capiscano forte e chiaro QUELLOCHESTIAMODICENDO. Perché, se no, non ci sentono e continuano a nastro, come le bambole parlanti. Quello che dobbiamo fare è illudere la preda, facendole credere che stavolta abbia fatto un Super Bingo!
Ecco come, rispondendo con una fetta di pandoro farcito con crema al mascarpone e melassa:
"Che fai?".
"Ma come, che faccio? È evidente! Sto parlando con il ragazzo più bello del mondo!".
A questo punto il nostro (terzo) caso umano assumerà un colore rosso acceso, tremerà di felicità, si farà la pipì addosso scodinzolando, come i cani quando sono emozionati perché sono ore che il padrone non torna a casa, e poi andrà in stato di frenesia ansiosa: continuerà a scrivere e cancellare possibili risposte cercando l'ispirazione che non ha. Noterete per ore, sotto al nome del suo contatto, la didascalia "caso umano sta scrivendo...". Non vorrà mica bruciarsi la golosa occasione di averci rimorchiate! E mentre lui si affannerà nella ricerca del messaggio perfetto, aspetteremo il giusto momento.
Poi, prima che lui termini il suo poema in versi,

saimon_mh

♥ Piace a Fragolia96 e altri 109.376

passeremo alla mossa definitiva. Lo lapideremo con un dolorosissimo:
"... però questo ragazzo bellissimo non mi risponde, quindi per ora chatto con te".
Gelo. Silenzio assoluto. È svenuto. Il telefono cadrà dalle sue mani. Il colore della sua povera pelle passerà da un eccitante rosso scarlatto a quello di un pallido sudario da fantasma. Incredulo, spalancherà la bocca. Forse tra due anni lo troveranno ancora così. Pazienza, noi ci dobbiamo pur scavare fuori! E sicuramente così non lo sentiremo mai più e avremo l'assoluta certezza di aver portato a termine la nostra missione con successo.
Comunque, fin qui abbiamo analizzato i casi che si risolvono in fretta, i meno importuni.

LA VERITÀ È CHE NESSUNA RAGAZZA PUÒ DIRE DI AVER VISSUTO LA PROPRIA VITA RELAZIONALE FINO IN FONDO SE NON HA MAI CONOSCIUTO IL CASO UMANO PER ECCELLENZA.
Questo prototipo di ragazzo non ha la minima capacità creativa, passa le giornate su Instagram scrollando i fondoschiena di bellezze inarrivabili. Si tratta di un subumano del tutto privo di materia grigia che per rimorchiare utilizza i grandi classici. Il tipico messaggio, che di solito inoltra nello stesso momento alla sua infinita lista di ragazze, è:
"Tuo padre è un ladro?".
Oh no, penseremo noi, ecco che vuole dirmi la cosa delle stelle. Lo sappiamo, perché anche

la nostra trisnonna ci ha avvisate, lasciandoci in eredità, tra i cimeli, alcune antiche cartoline. Rovistando tra queste ne spicca una del trisnonno, quando, nel 1915-1918, durante la prigionia, tentava di assicurarsi una moglie al rientro.
"Tuo padre è un ladro perché ha rubato due stelle e le ha messe al posto dei tuoi occhi, Mariuccia".
Peccato che a matita la poverina abbia appuntato, anni dopo, un drammatico...
MA PERCHÉ CI SONO CASCATA?!
E io me ne guardo bene. Il nostro caso umano 2.0 aspetta fremente la risposta interrogativa e stupita per sganciare la sua bomba. E invece noi contrattacchiamo dalla trincea:
"E tuo padre è un idraulico?".
"No, perché?".
Ricordate la bomba che voleva sganciare lui? Bene, la sganceremo noi, rispondendo a nome di generazioni di donne abbindolate da un corteggiamento scadente. Ed ecco un intenso, amaro e spiacevole:
"Perché sei un cesso".

INSOMMA, TROVARE UN RAGAZZO CHE ABBIA LE IDEE CHIARE E CHE CON CORAGGIO PRENDA IN MANO LA SITUAZIONE È MOLTO COMPLICATO, MA ESISTE UN TIPO DI CASO UMANO MOLTO SIMILE A LUI: IL DECISO.
Il caso umano deciso è quel tipo di essere vivente che dietro a un mondo di insicurezze, paure e timidezze, costruisce un finto muro di coraggio, sicurezza e spavalderia, tre qualità con cui pensa

di poter catturare la sua preda. Non perde tempo in giri di parole per poi non concludere nulla, va dritto al punto:
"Volevo chiederti se ti andava di uscire con me".
Ma ricordiamoci che ci troviamo davanti a un soggetto che fa di tutto per sembrare sicuro e, anche se è abituato a essere continuamente rifiutato, prosegue imperterrito. Rispondere subito con un secco e spento "No" non gli farebbe né freddo né caldo. Bisogna lasciarlo di pietra: dobbiamo prenderla come una missione. Deve credere in una possibile vittoria. Sfiorare la coppa del vincitore. Faremo il suo gioco, rispondendogli dolcemente e aggiungendo cuoricini.
"Allora chiedimelo...<3".
Lui sarà incredulo: non si trovava davanti un'occasione così da ere geologiche. Questo nostro messaggio indurrà il giovane coraggioso a ripetere la stessa domanda, aspettandosi un esito più che positivo.
"Ti va di uscire con me?", scriverà, con tanto di faccina con occhi a cuore, ed è lì che noi, perfide carogne, esordiremo con un gelido, penetrante e doloroso: "No".
Probabilmente negli attimi a seguire quegli unici due neuroni da scimmia che ha nel cervello staranno facendo la lotta per cercare di capire dove hanno sbagliato.
Intanto lui, all'esterno della testa, si starà strappando i capelli e i suoi occhi faranno una cosa mai accaduta prima: produrranno una sostanza bagnata, simile all'acqua ma ricca di sodio, comunemente chiamata "lacrima".

Bene. Abbiamo ancora una volta portato a casa la vittoria, anche se per più di metà battaglia credevano di averci in pugno. E questi, diciamocelo, in fondo sono ancora i casi umani più semplici... il guaio è che siamo intrisi di film, serie TV, cartoni animati, libri che ci raccontano come, per conquistare la *cima*, per svettare, per raggiungere la preda, per vincere, non bisogna mai arrendersi. Mai (mai!) arrendersi! Non ci si deve scoraggiare neanche davanti a ripetuti e ripetuti fallimenti! Questo principio educativo ha rovinato e rovinerà il pianeta: diciamoci la verità, dai, a volte bisogna proprio rinunciare... Ogni tanto il leone la lascia anche andar via la gazzella... NO, NO NO! MAI E POI MAI! Ci incalzano quelli più fanatici.
Si narra che tutto sia iniziato dallo storico film *Karate Kid*: quel "Metti la cera, togli la cera" è divenuto legge. Diventare testardi e implacabili, sordi, col paraocchi, puntare dritto verso l'obiettivo anche quando si è soli. Non importa se ti gonfiano di mazzate. Questa filosofia ha impestato il mondo di gente terribilmente insistente, ostinata, priva di qualità che ti insegue allo sfinimento, ti vuole a tutti i costi, a testate, a capocciate, fino a che non ti ritrovi esausta a sventolare bandiera bianca e dici qualcosa tipo: "E vabbè, ci sto, non ce la faccio più, ma poi ti prego lasciami in pace, che mi devo cercare un altro caso umano".
Quello meno faticoso.

IL RE DEI CASI UMANI, L'INTROVABILE.

COSA NE PENSA SIMONE

Mi intrometto di nuovo in questo puntuale elenco di casistiche maschili, che non posso che condividere amaramente. Lo so, per voi ragazze è molto difficile trovare l'uomo perfetto e quando lo trovate spesso ha un'altra donna... No, non una ragazza, proprio un'altra donna, quella che dovete temere più di tutte: la mamma.

Come non capire, dunque, la vostra disperazione, ah! Ma, care, ricordate che comunque, se è vero che "chi lascia la strada vecchia per la nuova, sa quel che lascia ma non sa quel che trova", è anche vero che "chi *friendzona* un caso umano per la propria libertà, dopo qualche passo un altro caso umano troverà".

Caso umano
Online
Che caldo…
Spogliati.
E che mi tolgo, dolcezza?
La vita.
Scrivi un mes...

CRUSH: IL SOGNO PROIBITO

SONO CRESCIUTA SOGNANDO LE FAVOLE DI CENERENTOLA, LA BELLA E LA BESTIA, MULAN E LA SIRENETTA.

Quando ero piccola, di notte sognavo che un giorno sarebbe apparso un ragazzo bellissimo. Me lo figuravo arrivare da me in groppa a un cavallo bianco con una criniera che al muoversi del vento richiamava le onde del mare. Al suono dei suoi magnifici zoccoli, chiunque si sarebbe voltato per ammirarlo; sarebbe apparso davanti al mio cammino, chiedendomi di sposarlo e di avere dei bellissimi bambini da crescere e accudire assieme per il resto della nostra vita, vivendo per sempre felici e contenti. Certo io avrei fatto la casalinga, e avrei aspettato la fine del rito nuziale per confessargli che non so stirare nemmeno un fazzoletto.
Ma ogni giorno la sveglia suona, gracchiante e fastidiosa: “Svegliaa svegliaaa, sbrigatiiii”. Mi verrebbe voglia di prenderla e lanciarla fuori dalla finestra, ma poi ricordo che la “sveglia”, il più delle volte, è mia madre, che con tutta la pacatezza e la tranquillità del mondo mi disintegra i timpani urlandomi nelle orecchie di sbrigarmi perché, come sempre, sono in ritardo. Mi asciugo la saliva dalla bocca con la mano (dormo a bocca aperta perché il mio naso decide di barricarsi e non farmi respirare ogni notte), gemo, farfuglio parole a caso nel dormiveglia e finalmente mi tiro su dal mio bel letto ancora caldo, salutandolo come fosse il mio fidanzato. A quel punto mi rendo conto che il ragazzo bellissimo che avevo appena baciato, salivando copiosamente sul cuscino, era frutto di un bellissimo sogno che mai e poi

mai si realizzerà. "Sbrigatiiii", gracchia ancora la sveglia materna, senza rispetto per i miei sentimenti feriti. Non si spegne questa cosa? Per il resto della mattinata ho una faccia da "lévati, non toccarmi, non ho voglia di parlare" perché resto in fissa a pensare tristemente a tutto ciò che avevo sognato. Mi rendo conto che il ragazzo del sogno, che mi aveva promesso fedeltà ed eterno amore dal cuscino, non è mai stato tra le mie lenzuola se non in forma di fantasma, ma di sicuro tra poco lo vedrò in carne e ossa a scuola.

LA VITA È CRUDELE, MA SOLTANTO CON ME.

Ne sono certa: le altre escono con i ragazzi più belli del liceo, è pieno di coppiette felici che mangiano assieme durante la ricreazione, che si danno la mano nel corridoio, che vanno in biblioteca a pomiciare dietro lo scaffale delle edizioni illustrate della *Divina Commedia*... e poi ci sono io. Sono anni che vivo nel mondo delle favole e medito di dare una svolta alla mia vita sentimentale ma, anziché tentare di avvicinare il ragazzo che amo segretamente da mesi, resto lontana... scattandogli qualche foto di nascosto per poi mandarle su WhatsApp alla mia migliore amica per escogitare piani malefici di rimorchio che mai attuerò. Praticamente l'80 per cento dei miei pensieri è occupato. Ho poco tempo per il resto. C'è solo Lui.
Lui è Crush.

PIZZA

CHI È CRUSH?

Beh, è molto semplice da spiegare: Crush è il ragazzo perfetto, quel ragazzo che ha sempre i capelli in ordine, quello che risulterebbe sempre incredibilmente figo anche con un bidone della spazzatura in testa. Occhi penetranti, viso da *Mille e una notte*, labbra che vorresti mangiare e una voce che potresti ascoltare per ore anche se parlasse dell'importanza del ruolo delle muffe nei formaggi d'alpeggio, o altre cose così noiose da farti venire i funghi sui piedi. Crush è l'uomo che vorresti al tuo fianco per il resto della vita, colui che ti salverà da ogni situazione.

HO RESO L'IDEA? SE MENTRE LEGGEVI QUESTA DESCRIZIONE HAI PENSATO A UN RAGAZZO CHE TI TOGLIE IL FIATO, BEH, LUI PER TE È CRUSH.

Perché Crush? Crush lo fa il mio cuore che si sconquassa quando lo incontro, è il rumore del disastro completo con cui si conclude ogni nostra conversazione, è la mostruosa facciata che prendo quando mi spiaccico contro il palo del semaforo mentre cammino con la testa voltata a fissare la sua immensa bellezza. Crush è la mia dignità che va giù, a rotoli, in discesa inarrestabile a 180 km/h.
Io continuo a vivere nel mio mondo fatato e ogni giorno spero sempre di più che si accorga di me ma, ahimè, come ben sappiamo le favole più belle non rispecchiano la realtà. Cenerentola si è beccata un principe che pur di ritrovarla ha deciso di far provare la sua scarpetta

perduta a tutto il paese, per poi poterle dichiarare il suo amore. La Bella Addormentata nel bosco ne ha accalappiato uno che ha viaggiato per migliaia di chilometri, è entrato in un castello inespugnabile e l'ha liberata dall'incantesimo con un bacio olimpionico. La storia di Raperonzolo ci racconta di due ragazzi che si incontrano in una situazione scomoda ma scappano via assieme e si innamorano follemente l'uno dell'altra, senza pensare a nient'altro. Ma queste sono favole; nella vita reale ci sono ragazzi cafoni che fischiano quando attraversi la strada, sfoderando un vocabolario da camionisti consumati, altri che in discoteca ti vengono a ballare attaccati dietro come se fosse finito lo spazio. Non sei salva nemmeno quando ti rinchiudi in camera tua, perché ecco che ti raggiungono in chat, scrivendoti oscenità inverosimili. Poi li vedi di persona, di giorno, nella vita normale, li riconosci... e quelli se la danno a gambe alla velocità della luce, rossi in volto e imbarazzati. E così pensi che qualsiasi fantasia delusa con Crush, qualsiasi figura vergognosa, ogni raro dialogo dagli esiti tragici sia sempre molto meglio della desolazione che ogni giorno ti offre la deprimente fauna maschile che ci prova con te.

CRUSH RIMARRÀ SEMPRE CRUSH: IL RAGAZZO INARRIVABILE CONTRO CUI CONTINUERÒ IMPERTERRITA A SBATTERE LA TESTA, AMANDOLO A SUA INSAPUTA, SEMPRE E OSTINATAMENTE.

saimon_mh
CRUSH: "Ehi ciao"
Io:
Piace a Fragolia96 e altri 109.376

COSA NE PENSA SIMONE

Ogni ragazzo lo sa: vedere una ragazza innamorata di te è bellissimo. Resuscita la nostra autostima, cura l'acne e rinfranca l'orgoglio anche dopo un due in matematica. Vien da dire: sì prof, non so niente di algebra, ma sono un ragazzo amato da una ragazza e questo è importante; lei che ne sa, prof; aspetti, quella di italiano ci sta facendo studiare i sonetti dell'amor cortese. L'amore ci fa evadere per un po' dalla triste realtà e salire verso la poesia. L'unica cosa che non deve evadere, però, ragazze (e ragazzi) è il cervello... Immaginate di essere voi un ragazzo, uno che vi piace; state uscendo dal bagno, durante la ricreazione, e, mentre pregustate i cracker, vi sentite urlare nel corridoio, con un volume superiore all'inquietante squillare della campanella: "OMMIODDIO, È QUI! È LUI: NO, VABBÈ, AMO, È BELLISSIMO. QUANTO ME LO FAREI!!!". Per lo spavento il ragazzo in questione ha polverizzato il pacchetto di fragili cracker nel palmo della mano.
E va bene che i primi poeti si esprimevano in volgare... ma non era questo il modo!
Attenzione: l'amore fa perdere la testa, ma cercate di non passare per decerebrate...
(Lo dico alle ragazze, ma vale anche per i ragazzi).

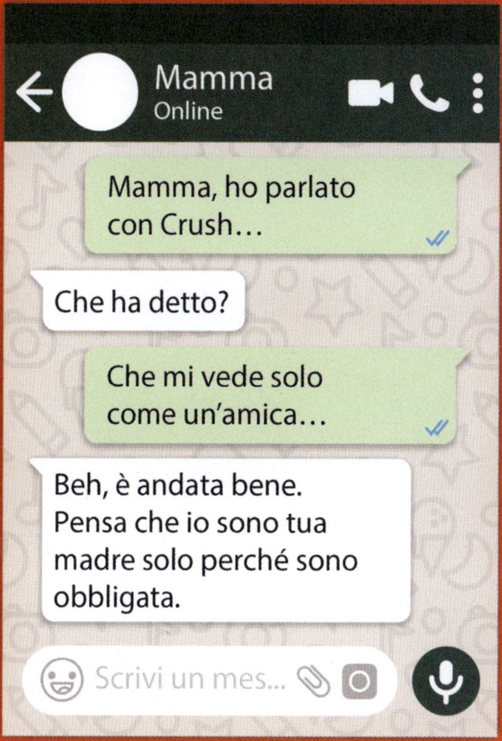
Mamma
Online
Mamma, ho parlato con Crush…
Che ha detto?
Che mi vede solo come un'amica…
Beh, è andata bene. Pensa che io sono tua madre solo perché sono obbligata.
Scrivi un mes...

CRUSH: IL FALLIMENTO

2

Sento sempre dire: "l'amore è cieco".
E ultimamente penso che sia proprio vero, perché Crush non si accorge della mia esistenza nemmeno col binocolo. Nemmeno se mi trova a cinque centimetri ogni volta che si gira, nemmeno se mi metto ad agitare dei voluminosi pon pon come una cheerleader quando per pietà gli passano la palla al campetto.
Ogni volta che penso a qualche strategia per farlo cadere tra le mie braccia c'è sempre qualcosa che va storto.
E la cosa peggiore è che non imparo mai dai miei errori. No, io continuo imperterrita. Capisco di sbagliare tutto ma appena l'ho capito mi dico: "Oh no, è terribilmente sbagliato... Aspetta che lo rifaccio subito...". E poi ancora: "Oh no, ma l'ho rifatto di nuovo? Ma no, ma come mai, non dovrei farlo più... Però prima lo rifaccio di nuovo, l'ultima volta!". E poi: "Ah, ecco, adesso ho sbagliato per l'ultima volta. Non lo faccio più. E adesso cosa faccio? Cosa faccio?". A seguire mi sale l'ansia, poi il senso di vuoto e infine torno a rassicurarmi: "Meglio se sbaglio di nuovo, almeno ho una certezza: so che ho sbagliato".

CONTINUARE A PROVARCI IN MODO SBAGLIATO CON CRUSH È LA MIA ZONA DI COMFORT.

Ogni mattina arrivo preparata; no, non perché la prof interroga, no: io ho già nella mia mente tutte le conversazioni con Crush, manco fossero il copione della recita scolastica. La trama è la seguente: lui viene da me e mi chiede che nomi vorrei dare ai nostri figli. Io gli rispondo: "Giacomo, Edoardo ed Emma"; lui mi chiede: "Come mai solo tre?" e io gli dico: "Hai ragione, facciamo subito gli altri quattro, così saranno sette come i sette nani"; e lui: "Ti va di essere la mia Biancaneve?" e io lo bacio, sussurrandogli: "Ti va di essere il mio cuscino?".

Ci sono tante varianti, dipende dalle mattine: qualche volta sono più incline a essere un po' Cenerentola, ma confesso che i topi non mi sono mai piaciuti.

Il fatto è che quando poi è il momento della recita e le luci della realtà si accendono su di noi, una di fronte all'altro, mentre me ne sto lì con il sorriso incantato aspettando la sua prima battuta, lui decide di non seguire il mio testo. Improvvisa. Va a casaccio. Io sono lì che lo fisso, tutta emozionata, tesa come una corda, inclinata di 120 gradi verso il suo corpo, pronta a dirgli i nomi dei nostri futuri figli e lui invece mi guarda svogliatamente e se ne esce con un qualunque "Ma come stai?".

Una domanda del tutto fuori luogo, del tutto inopportuna, no? Io resto scioccata. Allibita. Sciocco-basita. Ma che diritto ha di cambiarmi le carte in tavola? Mi inclino verso di lui, sperando che mi abbracci. Io la nostra storia d'amore l'ho pianificata in ogni dettaglio, ho escogitato con l'abilità strategica di uno scacchista russo ogni minima mossa verso la nostra felicità, come puoi destabilizzarmi con un inutile "Come stai?"? Anzi, peggio, con un anomalo "Ma come stai?".

«In che senso... Ma come stai?».

«Come stai in equilibrio, perché sembra che

tu stia cadendo, vedi? Guarda che se ti inclini ancora un po' finisci faccia a terra».
«Ma ci sei tu...».
«Ok, ma io sto andando... ciao!». E se ne va.
E in effetti... Crush! Faccia a terra. Neanche faccio in tempo a mettere le mani davanti.

HO UN'INFINITÀ DI ANEDDOTI UMILIANTI SUI MIEI INCONTRI CON CRUSH NEL MIO HARD DISK MENTALE E NON CE N'È NEMMENO UNO CHE ABBIA UN LIETO FINE.

Perché sì, conosco moltissime ragazze timide che preferiscono convivere con una miriade di rimorsi e stare nell'ombra piuttosto che trovare il coraggio di presentarsi o chiedere qualcosa a Crush. Poi ci sono quelle come me che, nonostante centinaia di rifiuti, provviste di una dignità che si sta scavando la tomba da sola, continuano imperterrite ad approcciarlo, pensando che prima o poi cederà e si arrenderà al loro fascino.

RICORDO FIN TROPPO BENE QUEL GIORNO. Eravamo a scuola, era ora di ricreazione e la temperatura aveva portato i pinguini direttamente dal Polo Sud; come sempre non avevano azzeccato le previsioni del tempo al telegiornale del giorno prima e puntualmente stavo congelando, stringendomi nella mia giacchetta rosa. Ero uscita di casa credendo agli oltre 20 °C di cui parlavano in TV la sera precedente. Fa nulla. Stavo ormai arrendendomi al principio di assideramento che mi aveva già congelato le ossa, quando, all'improvviso, mi sono trasformata in una palla di fuoco in espansione alla vista del ragazzo più bello del mondo. Stava camminando verso di me, sempre lui, l'unico idolo della mia vita da poco più di due anni a questa parte: Crush.

Crush: il rumore che faccio esplodendo nei vestiti come Hulk, stracciando le cuciture della giacchetta per le emanazioni di raggi gamma. Il mio corpo è diventato un reattore nucleare fuori controllo.

Mi sentivo traboccante di energia: in quel periodo mi ero dedicata allo sport e al mangiare sano perché non sopportavo più di dovermi vergognare di me se volevo indossare una maglia stretta o un pantalone un po' più attillato, che faceva intravedere qualche curva di troppo.

La mia linea era migliorata, ore di palestra e corse domenicali attorno all'isolato mi avevano resa più tonica! Meno male perché mi ci ero impegnata seriamente! Potevo apprezzare allo specchio le mie forme ben definite, mi sentivo gratificata, insomma avevo messo su un fisico del tutto accettabile. Forse grazie a questa notevole trasformazione Crush ha deciso di concedermi finalmente una chance.

Ero così felice! Solo più avanti, in un secondo momento, ho pensato: "Che tristezza: si è deciso a rivolgermi la sua inestimabile attenzione solo perché il mio aspetto fisico è diventato un po' più stuzzicante ai suoi occhi!".

Ma comunque in quel momento mi era sembrato tutto incredibile: il freddo che provavo fino a pochi attimi prima era scomparso

e aveva fatto posto a un torrido caldo africano da piena estate.
Sudavo. Le mie orecchie avevano assunto il colore di un peperone; ero imbarazzata ma allo stesso tempo il mio cuore stava scoppiando di gioia. Stava venendo da me. Non potevo sbagliare, qualcuno dall'alto mi stava dando la possibilità di concretizzare finalmente qualcosa con questo Bronzo di Riace, ero pronta.
«Ehi, ciao, come va?», mi ha detto lui facendo il primo passo. Ho risposto che andava tutto bene, anche se ovviamente la temperatura del mio corpo in quel momento stava sfiorando i gradi d'ebollizione dell'acqua. Mi ha fatto un'altra domanda alla quale ho risposto coerentemente, asciugandomi la fronte imperlata di sudore.
Ero molto soddisfatta: la nostra conversazione stava procedendo bene, riuscivo addirittura a soddisfare le sue domande con risposte minimamente sensate, senza fissarlo come una maniaca e senza sbavare come facevo con il cuscino di notte. Ma a un certo punto... il disastro! La fittissima rete di neuroni che fino a quel momento mi aveva aiutato a far andare tutto per il meglio si è inceppata clamorosamente. Causa: una domanda inattesa sul senso ultimo della mia esistenza...
«Ma tu, oltre la scuola, che fai nella vita?».
«Stalker...», ho risposto, ma no! Non posso dirgli che lo stalkero da oltre due anni! E così mi sono corretta subito, sperando che avesse problemi di udito: «Studio! Studio tanto, non faccio molto altro, tu?». Sono rimasta tre secondi e mezzo con le palpitazioni che sembravo un criceto nella sala d'attesa del veterinario.

saimon_mh
IO CHE ASPETTO UN MESSAGGIO DA CRUSH:
Piace a Fragolia96 e altri 109.376

Per fortuna non si è accorto di nulla. Ma ormai la mia materia grigia si era ridotta a un purè.
«Capito, anche io studio, però mi piace anche uscire il pomeriggio al parco con i miei amici».
«Ah sì sì, lo so molto bene, ci arrivi comodo con il 58...».
Perfetto. Con quattro semplici parole aveva capito che ero una stalker professionista, che quasi sicuramente lo pedinavo, che molto probabilmente conoscevo anche gli orari in cui usciva di casa, quando tornava, con quali amici si vedeva e che sicuramente sapevo addirittura a memoria gli orari dell'autobus.
Dopo qualche secondo di paralisi (in cui la mia faccia da innamorata persa non faceva altro che confermare la sua spaventosa intuizione), appena è riuscito di nuovo a connettere ha chiesto un lecito e approfondito chiarimento:
«Come, scusa?».
Sono scappata. Più veloce del vento. Ci era mancato così poco! Stava andando quasi tutto alla perfezione, avevo dedicato mesi alla mia preparazione atletica per affrontare una sola misera conversazione con Crush e forse avevo scordato di temprare anche il quoziente intellettivo! Ho rovinato tutto, trasformando una piacevole e per me incredibile chiacchierata con il ragazzo che mi piaceva in una delle figure più imbarazzanti della mia vita.

E COMUNQUE, COME DICEVO, LO RIFARÒ.

Non può sfuggirmi: so dove abita. Casa sua è nei preferiti del mio Google Maps, dopo il negozio cinese di accessori per capelli.
Sì, continuo a rifarlo ma, credetemi, ci metterei la firma pur di avere costantemente discussioni di questo tipo con Crush, anche se significherebbe dover continuamente fare figure imbarazzanti.
È comunque sempre meglio fare decine di figuracce mortificanti con uno come Crush che tornare alla sequenza infinita di casi umani che costellano la mia presenza in questo mondo.
Chissà che prima o poi non riesca a contenere la curva dell'ansia e a mantenere la testa lucida davanti a lui. Giuro che i neuroni ce li ho! Studio, prendo bei voti... è solo che mi sento così "meno di lui" che mi si paralizza l'intelligenza!
Continuo perché voglio sbloccarmi con lui, mostrargli che so essere meravigliosa. E, se non ci riesco, allora forse vuol dire che la vita delle sbadate come noi non avrà mai un lieto fine.
Appena vediamo Crush prendere un'iniziativa così incredibile (rivolgerci un semplice "ciao") nella nostra mente parte l'elaborazione di un kolossal mentale da dieci stagioni di cinquanta episodi l'una. Produzioni hollywoodiane da Golden Globe, finanziate dalla HBO e ambientate in una casa su palafitta nei pressi di Miami. Ci sono due o tre marmocchi che scorrazzano per casa, un androide come maggiordomo e lui, in costume da bagno, con un fisico d'acciaio tutto per noi, che si tuffa dalla finestra con un doppio carpiato e ci schizza con l'acqua dell'oceano.
E forse questo ci riporta alla realtà: dove magari il nostro uomo dei sogni è decollato a velocità fotonica sgasando col motorino e ci ha schizzato

sui jeans l'acqua melmosa della pozzanghera lì vicino. Ecco, ci diciamo, questa è la vita vera. Ricordiamoci, però, una cosa. Siamo nell'era dei social. La popolazione mondiale trascorre più tempo a guardare le storie su Instagram che momenti con i propri familiari a tavola. In questa epoca tutto ciò che conta sono i like, soprattutto se un like che ricevi arriva direttamente dal ragazzo che ti piace. Nel momento stesso in cui scoprirai di aver ricevuto un "mi piace" da Lui avrai già un altro telefono in mano con il tuo secondo numero segreto (che sanno tutti) e starai chiamando la tua migliore amica per farle sapere dell'incredibile avvenimento.
Quasi contemporaneamente chiamerai la wedding planner e le descriverai per filo e per segno, senza trascurare i minimi dettagli, come si dovrà svolgere la cerimonia nuziale, ricordandole che tra gli invitati dovranno per forza anche esserci le sue ex fidanzate, perché vorrai vedere l'invidia nei loro occhi mentre sarai vestita da sposa e lui ti metterà l'anello al dito. Subito riprenderai la conversazione con la tua migliore amica che hai lasciato in linea in attesa e le chiederai se vorrà fare da testimone di nozze e, per finire, contatterai il miglior atelier di vestiti da sposa e fisserai un appuntamento per provare le taglie.
Siamo sognatrici a occhi aperti! Basta un insulso like a una foto su Instagram e siamo certe che quel gesto ci porterà a trascorrere il resto della nostra vita con lui. Per sempre felici e contenti. Magari le situazioni della vita avessero sempre un finale da favola! Purtroppo, il più delle volte finiscono in vera tragedia, e per tragedia intendo che finisco per farmi odiare a vita da lui.

COME QUELLA VOLTA IN CUI AVEVO DECISO CHE ERA ARRIVATO IL MOMENTO GIUSTO PER DICHIARARGLI FINALMENTE I MIEI SENTIMENTI.

Mi ero convinta che sarebbe andato tutto a buon fine, così mi sentivo felice ma agitata allo stesso tempo. La mia pancia era INVASA da una colonia di farfalle e le mie mani sudavano come se avessi appena finito la maratona di New York. Lui era vicino al suo motorino, non c'erano pozzanghere nei dintorni e si era appena messo il casco. Stava indugiando a fissare il telefono, cliccando cose a caso sullo schermo.

Era il momento perfetto. Dovevo semplicemente andare lì e fargli sapere tutto quello che provavo, aprirgli il mio cuore, così sarebbe poi andato a casa felice e conscio del mio amore. O, almeno, questo secondo i piani intrecciati e confusi della mia testa.

Stavo attraversando il vialetto sterrato davanti alla scuola, e per fortuna in quel momento non passavano macchine se no mi avrebbero investita: il mio sguardo era incantato, rapito dalla bellezza sublime del suo volto. Se in quel momento fosse passata anche un'intera mandria di elefanti barrendo, probabilmente non me ne sarei accorta. A ogni metro che mi distanziava da lui, le mie gambe tremavano sempre di più, la bocca era già completamente asciutta, come se avessi mangiato la sabbia, e il mio respiro si stava facendo sempre più affannoso.

Stavo quasi per morire per l'emozione.

Lui ha alzato lo sguardo. Ormai mi aveva vista. Tornare indietro e far finta di nulla sarebbe stata una mossa troppo stupida.

Ho preso coraggio e tanto per cominciare l'ho salutato. Abbiamo preso a scambiarci le solite domande e risposte di sempre, fino a quando ho preso il coraggio a quattro mani e con decisione gli ho sparato: «Senti, comunque devo dirti una cosa, una cosa di vitale importanza...».
Era tutto orecchie, mi ha risposto che potevo dirgli qualsiasi cosa.
Ho preso fiato e senza respirare più ho detto: «Devo dirti che è ormai da tempo che provo qualcosa per te, ma qualcosa di davvero grande, io ti amo...». Sul momento nulla sembrava essere andato storto. Sul momento, almeno... per quella che era la mia percezione, perché probabilmente nei momenti più difficili delle conversazioni con Crush il mio cervello cessa di funzionare. Inserisce il pilota automatico, che credo sia una gonfiabile ad aria compressa, e inizia a farmi dire cose che sarebbe meglio evitare. E così per rompere il suo silenzio ho concluso: «Però sappi che non ti dirò mai che sei la mia vita... perché la mia vita fa schifo e tu sei troppo bello».
Piena confusione: Crush non sembrava avere mezza risposta da darmi. Poi, muovendosi come un automa, con tutta calma e apparentemente dotato di una completa assenza di emozioni, ha messo il telefono in tasca è salito a cavalcioni sul suo motorino, lo ha avviato ed è corso via. L'ho guardato allontanarsi fino a quando è sparito all'orizzonte.

Avere un Crush nella propria vita non è semplice: ogni giorno c'è una continua lotta fra i tuoi sentimenti verso di lui e il suo non volerne assolutamente sapere di te. Passi notti insonni, pensando che prima o poi cambierà qualcosa, che riuscirai a conquistare il suo cuore, ma ahimè non succederà. Non accetterai di conoscere nessun altro ragazzo se non lui: "o lui, o niente".

E QUESTA È LA FISSAZIONE ADOLESCENZIALE.

Per fortuna poi cresci, ti innamori per davvero e ti rendi finalmente conto che tutto il tempo che hai dedicato a inseguire quella proiezione cinematografica e a disperarti per ogni mancanza di attenzione avresti potuto impiegarlo meglio. Non ne valeva la pena, no. Perché amare è bellissimo, ma anche essere amati ha il suo perché.

COSA NE PENSA SIMONE

Non dovete mai mollare, mai rinunciare a un vostro sogno, per nessun motivo al mondo. Se non riuscite, ritentate; se cadete, subite la sconfitta ma rialzatevi in piedi e riprendete da capo, come negli allenamenti sportivi. Così cercate di non arrendervi nello studio, nel comprendere le ragioni di un'amica che si è offesa, nel preparare una torta con il pan di Spagna, nel comprendere anche la parafrasi di Dante. Ma se il "sogno" ha due gambe, due braccia, due occhi, un cervello e per voi è bellissimo, se il sogno è un ragazzo e vi sta trascinando sul marciapiede tornando a casa perché vi siete aggrappate alla sua caviglia sinistra, sappiate che con il telefonino sta chiamando la polizia. Vi troverete dietro le sbarre per molestie. Ragazze, c'è un limite a tutto! Scappate, finché siete in tempo.

Crush
Online
I termosifoni sono spenti, il cielo è grigio, sta iniziando a piovere… manchi tu…
Che dolce… arrivo!
No, intendo come disgrazia manchi solo tu.
Scrivi un mes...

HO SEMPRE RAGIONE

LA LEGGE DICE
CHE HO
RAGIONE IO

Nella mia vita odio veramente poche cose. Odio i cetriolini dentro ai panini: mi disgustano perché cambiano totalmente il sapore del panino e per di più hanno una consistenza dura all'inizio e subito dopo viscida. Non li sopporto proprio.
Odio le persone false, quelle che fanno le carine davanti a te, poi dietro sparlano di te. Le prenderei a sberle una dopo l'altra.
Odio anche dover uscire dal letto la mattina quando fuori fa freddo: penso sia una delle situazioni più insopportabili di sempre!
Un'altra cosa che odio è quando ho ragione e non mi viene riconosciuta.
Ma, soprattutto, odio non aver ragione.
Io voglio avere ragione sempre. Anche quando non ce l'ho.
Ma com'è che i ragazzi ci mettono così tanto a capire che dovrebbero semplicemente accettare di passare dalla parte del torto per non farci arrabbiare? Sì, è facile, anche se hanno ragione, dovrebbero dire: "Hai ragione tu. No davvero, guarda, hai ragione tu".
È una questione di rispetto, è un piccolo gesto per evitare il peggio, per non farci piangere ore e ore, sbavando tutto il trucco, bagnando e sporcando le federe dei cuscini. Basterebbe questo a non farci passare tutta la settimana a rimuginare sull'accaduto, giorni interi con un'aria talmente depressa che sembriamo pronte per il patibolo! Ci vuole tanto?

VI RACCONTO LA MIA STORIA.

Ho avuto un paio di relazioni serie o semi-serie negli ultimi anni; potrei arrivare anche a una

trentina di relazioni contando pure quelle che vanno dalla prima alla quinta elementare, ma non ricordo i loro nomi e tantomeno le loro facce. In ognuna di queste ultime relazioni ho sempre avuto a che fare con soggetti che, durante una discussione, piuttosto che passare dalla parte del torto avrebbero preferito vendere la propria madre.
Ho conosciuto ragazzi che non avrebbero ammesso le loro colpe nemmeno sotto tortura, nonostante il più delle volte fosse fin troppo palese che avevano sbagliato, e non poco. Cercare di far ragionare un ragazzo che vuole avere ragione è tanto facile quanto trovare un sottomarino in cielo. Capite bene che trovare un sottoMARINO in CIELO è fisicamente impossibile. Ho provato più volte a formulare frasi carine per fargli capire che forse per questa volta potevo in qualche modo aver ragione io, ma lui se ne usciva sempre con la stessa frase: "Vabbè, ho capito, è SEMPRE colpa MIA". Sempre cosa? Colpa di chi? Usava questa frase per rigirare la frittata a suo favore, cercando in tutti i modi di farmi sentire in colpa per qualcosa che non avevo assolutamente fatto. È difficile parlare con gli uomini: ogni frase che diciamo con un tono normale di voce a loro appare tagliente come un'accusa; si sentono minacciati anche solo se mettiamo un piede di traverso o se spostiamo il peso da una gamba all'altra. E così si sentono giustificati ad alzare la voce, senza nemmeno soffermarsi a riflettere su ciò che gli abbiamo detto.
Spesso e volentieri capita anche quando dobbiamo uscire.

TI MUOVI?
PRIN-CI-PES-SA?

Ricordo benissimo una sera in particolare. Era un classico sabato sera. Noi due e altri tre nostri amici: una coppietta e un altro ragazzo. Ci eravamo organizzati per passare una serata assieme un po' diversa dalle altre: avevamo programmato di mangiare sushi e poi di fare un giro in centro, una cosa molto tranquilla. L'appuntamento era alle 19.15 sotto casa sua. Erano le 19.20, io ero già pronta dalle 19.00, perché si sa, se ci sono altre ragazze, anche se tue amiche, devi fare il possibile per essere tu la più bella, quindi avevo iniziato a prepararmi con ampio anticipo. Lui no. Lui era al telefono, a guardare i risultati in live di Juventus-Lazio, maledetto calcio che vi rende tutti rimbambiti. Comunque, lui, juventino sfegatato, io menefreghista di prima classe. La Juventus stava perdendo 2-1, era parecchio nervoso. Incollato al telefonino senza prepararsi per uscire; ci è rimasto fino alle 19.35: la partita finisce sul risultato di 3-1 per la Lazio. A quel punto arriva un messaggio dei ragazzi sul gruppo di WhatsApp: erano giù ad aspettarci da venti minuti.

Gli faccio capire che se siamo in ritardo è colpa sua. Lui sbuffa, inizia a fare le cose con agitazione, lancia le pantofole di là, prende il giubbotto con violenza, sbuffa ancora e in un decimo di secondo si mette le scarpe e mi aspetta sull'uscio della porta con un fastidiosissimo: «Allora? Andiamo?». Sono stata zitta, meglio non gettare benzina sul fuoco, anche se avrei voluto lanciargli tutta l'argenteria di sua madre addosso. Scendiamo e vedo i ragazzi, mi scuso subito con loro in tono ironico: «Eccoci, eh, sapete,

la PRINCIPESSA è lenta a prepararsi».
Non l'avessi mai detto.
Inizia a urlare: «Se anziché stare in bagno due ore mi avessi fatto cambiare saremmo scesi anche prima», o ancora: «Avrei fatto prima se non fosse stata un'ora al telefono con la sua amica per decidere il vestito da mettere». Tutte invenzioni assurde dette solamente perché non voleva ammettere di aver perso tempo al cellulare.
Facendo così, inoltre, voi ragazzi ci fate passare per sceme davanti ai nostri amici, che giustamente non sanno la verità dei fatti, e imponete le vostre bugie con fare aggressivo.
Inutile dire che, dopo essermi fatta offrire il sushi da lui, qualche giorno più tardi l'ho lasciato.

CARI RAGAZZI, SIETE TANTO BELLI QUANTO INSOPPORTABILI.

Il falso mito di "le donne sono troppo complicate" mi sa che l'ha scritto un uomo che aveva litigato con la moglie per un errore commesso da lui e che voleva anche aver ragione. Fidatevi di me, fidatevi di una, come la chiamate voi, "donna complicata": basta poco per farci vedere che vi state impegnando, bastano un abbraccio e un sentito e semplicissimo "scusa" per dimostrarci che ci tenete.
Per portare avanti una relazione in modo abbastanza sereno e spensierato si dovrebbe arrivare a un compromesso e fare ogni tanto qualche passo indietro, mettersi in discussione.
Ma il problema vero è: perché siamo sempre

noi donne a dover fare questo benedetto passo indietro?
Ho cercato un pochino su Google, come già facciamo quotidianamente per tantissime altre cose, e ho scoperto che gli uomini, avendo l'ormone maschile, il testosterone (che suona già testardo dal nome), sono più predisposti a non ammettere i propri errori per qualche strano potere conferito loro da questo ormone. Cioè, capite? Per colpa di uno stupido testosterone prodotto dal loro organismo noi dobbiamo subirci quotidianamente degli scimmioni urlanti in giro per casa che pensano e vogliono aver ragione per ogni singola cosa.

COSA NE PENSA SIMONE

Avete ragione. Avete ragione. Voi donne AVETE RAGIONE! Una cosa divertente: mi sono sentito dire dalla mia ragazza proprio il contrario, ovvero che sono io quello che vuole avere sempre ragione. Non sarà che questa storia della ragione, sempre e comunque, ci starà facendo diventare matti entrambi? A proposito, un saggio, un tempo disse: "Ai pazzi si dà sempre ragione". E così, dopo averci riflettuto a lungo, dopo aver fatto meditazione, il saluto al sole e un profondo ragionamento filosofico, ho deciso di fare una dichiarazione a tutte le donne: AVETE RAGIONE VOI!

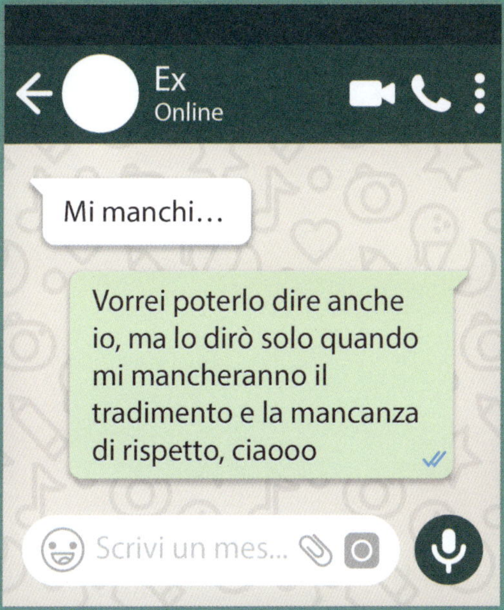
Ex
Online
Mi manchi…
Vorrei poterlo dire anche io, ma lo dirò solo quando mi mancheranno il tradimento e la mancanza di rispetto, ciaooo
Scrivi un mes...

EX CHE SARÀ MAI?

CONTINUO A INNAMORARMI DI RAGAZZI CHE MI FANNO STARE MALE, MA SONO TESTARDA E OSTINATA, COSÌ ME NE FREGO, PERCHÉ TANTO, DAI, QUANDO UNO È ALLERGICO AI POMODORI, CONTINUA A MANGIARLI PERCHÉ GLI *PIACCIONO*!

PSICOLOGO:
NO! NO! Non li devi più mangiare i pomodori, se sei allergica, perché poi ti viene l'orticaria, ti riempi di bolle rosse, ti gratti, ti viene la lingua viola, ti si gonfiano le labbra che sembri la tipa del supermercato che si è comprata il lifting su Groupon. Dovresti saperlo! Devi pensare a te, alla tua salute. Autostima, ragazza! Niente pomodoro e niente ragazzi che ti squalificano. Capisci? Dai, che qui a scuola c'è una lunga fila di adolescenti che ha bisogno di me per questioni ben più gravi: la tua almeno è una cosa semplice, hai capito, vero? Bene. Quindi, se qualcuno ti tratta male, vattene, chiudigli la porta sul naso... BUON VIAGGIO, CIAO BELLO! ADIÓS!

Oh! Ogni volta che passo dallo psicologo, che è un po' la mia coscienza, mi si chiariscono le idee e torno come nuova. Che brava la mia coscienza! Lei sì che sa come stare al mondo... Lei sì, ma io no. Io vivo di pulsioni, di sogni, di gesti istintivi... Quella voce ragionevole e mediatrice non la sento proprio, sono sorda come una campana perché ho la testa tutta occupata da altro. Non so come, ma mi ritrovo lì a ordire nella parte più remota della mia mente

NON TI STO
ASCOLTANDO,
ma farò finta di sì

i piani diabolici per boicottarmi. Io nella vita non so perché ma cerco il pomodoro, quello che mi rovina, scatenandomi le reazioni peggiori! Me lo cerco bello rosso e succoso e mi affeziono a quel modo di *prendere la vita con allergia*, che devo aver confuso con il *prendere la vita con allegria!* Vi illustro cosa vuol dire. Sono la tipica ragazza che, nonostante proclami a tutto il mondo: "Con il mio ex è finita! Definitivamente finita!", continua quotidianamente a spiare tutti i suoi account social per essere perennemente informata su: dove va, cosa fa, con chi esce, quando esce e soprattutto se si sente con delle ragazze. E, per peggiorare la situazione, che già da sola basterebbe a far venire le bolle a chiunque, oltre a spiare lui con finti account dai nomi discutibili e per niente sospetti, tipo "Elisa00cuore", sbircio i profili di tutte le sue nuove fiamme. Fiamme che aiuterei volentieri gettando su di loro altra benzina, così da farle bruciare un po' più in fretta. "Ma quale rancore? No no, ormai è acqua passata...", dirò a tutti, scorticandomi le braccia per il prurito.

SONO UNA RAGAZZA DOLCE, DO TUTTO ALLA PERSONA CHE AMO: È CHE QUANDO VENGO LASCIATA PER UNA NETTAMENTE INFERIORE A ME... ECCO, IO LÌ DIVENTO UNA IENA.

E poi non è colpa mia se faccio questi divertentissimi e dolcissimi gesti d'amore, come quello di settimana scorsa. Lo racconto.

Il mio ex mi ha lasciata circa otto mesi fa... Ho passato i primi due mesi dalla nostra separazione a piangere: non riuscivo ad addormentarmi la sera, ogni cosa mi faceva sentire la sua mancanza. Mi mancavano il messaggio della buonanotte, le nostre foto insieme sui social, l'idea di fare colazione con lui prima di entrare in classe, l'odore della sua acqua di colonia, l'idea che ci fosse qualcosa o qualcuno a dare un senso alle mie giornate... Per me sentire il vuoto di colpo è stato come ricevere una pugnalata in pieno petto. Non potevo togliermelo dalla testa: vedevo le sue storie di Instagram senza di me e questo di certo non migliorava la situazione; era come se mi si scatenasse una vera e propria orticaria umorale. Se ne andava sempre in discoteca adesso, unica cosa che mi faceva pensare che forse non aveva molto altro di interessante da fare nella vita. Però vedevo foto di lui mentre ballava con mille ragazze diverse. Se la stava godendo in pieno questa separazione, altro che sentire la mia mancanza! Quello non vedeva l'ora di lasciarmi per darsi alla pazza gioia (avevo gli occhi sempre più rossi: la congiuntivite dà allergia o lacrime di dolore?).

Dopo solo un mese e mezzo di scorribande si è fidanzato. Doppio pugno nello stomaco. Io che vomito abbracciando il cesso. Lei è un cesso. Davvero, una ragazza oggettivamente più brutta di me, più bassa, con qualche chilo di troppo... che non sembrava nemmeno molto sveglia, dato che in una foto aveva la camicetta abbottonata tutta storta! Dai, queste robe di appaiare i bottoni le impari alla scuola materna, se no usi le cerniere. Scommetto che mette ancora le scarpe col

velcro perché non sa allacciarsi le stringhe. Okay, forse è la rabbia che parla al mio posto in questo momento; fatto sta che vedere lui con quell'oca vicino mi faceva venire il sangue al cervello. Dovevo fare assolutamente qualcosa.
Ho passato una settimana a riflettere: come fargliela pagare?

COME FARE A NON PASSARE SOLO PER "L'EX RAGAZZA INVIDIOSA" RIUSCENDO A ROVINARE IL LORO IDILLIO?

Naturalmente la voce della mia coscienza-madre-sveglia diceva: "Lascia stare, dimenticalo, non vedi che ti stai rovinando?", ma io volevo rovinare lui. Ho progettato una strategia per farli lasciare, ero convinta che se fossi riuscita a farli lasciare avrei finalmente dormito sonni tranquilli.
Il mio piano era infallibile.

Mi sono data sei mesi di tempo (quei famosi sei mesi di cui parlavo prima), nel corso dei quali ho creato un finto account Instagram nel quale ogni tre giorni, per sei mesi, ho pubblicato un post per dare credibilità al profilo che avevo creato. Naturalmente usavo le immagini di una modella americana leggermente contraffatte con un programma di make-up. Una tipa sconosciutissima, che avevo trovato per caso in giro su Instagram... bella, ma nulla di così incredibilmente inarrivabile. Dopo sei mesi ho deciso di mettere in atto il piano, iniziando a seguire il mio ex su Instagram, senza riscontri. Un po' come andare a pesca. Stai lì e aspetti. Non sono mai andata a pescare, ma me lo immagino

così. E poi ho visto il gatto quando si apposta per cacciare la sua preda. Sembra che si trasformi in una mummia egizia: ci mette ore, ma prima o poi cattura quel topo rognoso. E così, seguendo quel fulgido esempio, ho continuato, mettendogli qualche like alle foto, soprattutto quelle dove era venuto meglio, per fargli capire sin da subito le mie attenzioni.
In quel periodo in cui (in teoria) doveva essere fidanzato con questa nuova ragazza, ha abboccato ai miei like, ricambiandoli con altri like alle mie foto, cioè alle foto della modella americana. Il piano stava funzionando...
Ora dovevo solo continuare, aspettare che ricambiasse le attenzioni e gli apprezzamenti, attendere che mi scrivesse.
Erano le 16.11. Mi arriva la tanto attesa notifica. "Ehi": con una rosa.
Era lui.
Pescatore prende pesce - gatto acchiappa topo! Insomma: aveva abboccato!
Gli ho risposto con una rosa e, da lì in poi, abbiamo continuato chiacchierando del più e del meno. Io che inventavo ogni cosa, l'età, le mie origini, dove abitavo e che scuola facevo; ogni singola cosa l'avevo studiata nel dettaglio, facendomi un vero e proprio identikit.
Dopo un paio di giorni, durante i quali ogni mattina trovavo il suo "Buongiorno mia contessina" sullo schermo del telefono, lo stesso buongiorno che rivolgeva alla *me vera* quando eravamo fidanzati – pensate che scarso: neanche inventarsi un nomignolo nuovo –, ho pensato di passare al piano d'attacco.
Scommetto che anche la sua nuova fidanzata ha lo stesso nomignolo insulso. Che vergogna,

saimon_mh

♥ Piace a Fragolia96 e altri 109.376

come ho fatto a sopportarlo? E mentre pensavo a queste cose mi grattavo ancora di più. Ricordate, no, il pomodoro? Ero ormai in piena intossicazione. Lo stesso giorno, però, ha fatto la mossa che aspettavo tanto.
Mi ha chiesto di andarci a bere un caffè. Non ci potevo credere. Non sapevo se essere felice o schifata dal fatto che un essere del genere era stato fino a poco meno di un anno prima il mio ragazzo. Un caffè, come se non sapessi dove voleva arrivare. Gli ho detto che per me andava bene, mi ha dato appuntamento al bar *La Rotonda*, il bar più sconosciuto della città, probabilmente proprio per evitare che qualche amico potesse vederlo in compagnia di una ragazza che non fosse *la sua ragazza.*
Bene, a quel punto faccio lo screenshot della conversazione e la mando, con lo stesso account della finta modella, alla sua nuova ragazza.
All'inizio ovviamente la sua tipa non voleva credermi, poi le ho sparato tutti gli screen delle nostre chat, ed è rimasta basita. Abbiamo parlato per ore. Mi ha confessato che in effetti non si fidava al cento per cento e che, per questo, spesso e volentieri gli controllava il telefono.
Ora ne aveva le prove ed era pronta all'azione.
Al mio posto, in quel bar sperduto, si è presentata lei.

SI NARRA CHE IL MIO EX ORA SIA SPARITO NON SOLO DAI SOCIAL MA PROPRIO DALLA SOCIETÀ.

Nessuno dei due ha mai immaginato che fossi io quella ragazza su Instagram e potrei finire qui la storia, ma sono andata ancora più in là: mi sono nascosta dietro alla siepe vicino alla finestra del bar per godermi la scena. Ho sempre pensato che fare questo tipo di cose fosse da vigliacchi e da persone immature, ma fidatevi: vedere il mio ex che riceve uno schiaffo gigante dalla sua ragazza davanti a tutti è stata una delle soddisfazioni più grandi della mia vita. Ed è stato il miglior sonnifero, il miglior antidoto! Insomma, come direbbe il medico: mi sono immunizzata. Le notti seguenti ho ripreso a dormire felice, spensierata, senza finalmente quel masso sulla pancia.

ROVINARE LA RELAZIONE ALL'EX FIDANZATO NON È COSA DA TUTTI I GIORNI, ANZI, PROBABILMENTE QUANDO DIVENTERÒ MADRE LO RACCONTERÒ CON ORGOGLIO AI MIEI FIGLI, SEDUTI INSIEME DAVANTI AL CAMINETTO, SORSEGGIANDO UN BUONISSIMO VINO INVECCHIATO.

PER ORA MI FACCIO DELLE GRASSE RISATE.

Quello che non riesco a spiegarmi è che all'inizio anche tra me e il mio ex è stato come nelle fiabe... un gioco di sguardi, le battutine, le mezze parole. Insomma: amore a prima vista! Probabilmente però sarebbe stato meglio dargli subito una seconda occhiata e poi fare una visita dall'oculista.
Ricordo ancora bene il giorno in cui mi ha lasciato, probabilmente non lo dimenticherò mai, perché certe cose ti si imprimono a fuoco. Per sempre. Per questo si dice la mia fiamma... c'è sempre qualcosa che brucia, tipo il pane che hai lasciato a scaldare nel fornetto e che puntualmente si carbonizza mentre pensi a lui.
Quando mi ha lasciato ha usato questa bella frase: "Non troverai mai più uno come me, sappilo".
In quell'occasione non ho risposto, sopraffatta dal pianto. Ora la risposta giusta ce l'ho:

"E MENO MALE!".

COSA NE PENSA SIMONE

Siamo i colpevoli, noi, gli ex. Siamo quelli che hanno rovinato tutto, quelli che, dopo di voi, si fidanzano sempre con un cesso, quelli che dopo tanto amore adesso vi fanno "schifo" perché secondo voi abbiamo dei gusti terribili in fatto di ragazze! Giusto! Infatti... ricordatevi che siamo gli stessi con cui siete state fidanzate voi! In parole povere: se siete state così a lungo con uno che faceva schifo, per la legge dei grandi numeri primi, oppure per l'equazione rovesciata della non relatività delle relazioni e per la proprietà dis-commutativa, sappiate che il primo cesso eravate voi.

Ex
Online
Ti amo
Grazie
Solo grazie?
Grazie mille?
Scrivi un mes...

LEVATEVI

IO SONO UNA RAGAZZA CHE STA SPESSO SULLE SUE. NON VOGLIO MAI IMMISCHIARMI IN DISCUSSIONI INUTILI CHE MI FAREBBERO SOLAMENTE PERDERE UN SACCO DI TEMPO.

Tempo che invece potrei investire stalkerando il ragazzo che mi piace.
Eppure, quando c'è di mezzo Crush, divento proprio una iena.
Non sopporto di vedere altre ragazze ronzargli attorno come se lui fosse un premio, e loro stessero facendo una gara per poterlo vincere.
Mille volte ho pensato di provarci con un ragazzo che mi piaceva, ma ci vogliono giorni e giorni di preparazione mentale e sono momenti molto delicati, soprattutto se lui è uno di quei manzi inarrivabili: hai solo un tentativo e le probabilità di riuscita sono bassissime.
In ogni caso, quando non l'ho fatto, quando non ci ho provato, è stato solo per colpa delle solite sanguisughe che gli giravano sempre attorno.
PERENNEMENTE: in ogni situazione e in ogni momento.
Mi spiego: che sia a scuola durante la ricreazione, in giro per la città dopo averlo pedinato per ore e ore, in discoteca, quando fingo palesemente di essere ubriaca per cadergli tra le braccia, o al cinema, dove *casualmente* gli finisco contro chiedendogli scusa, insomma, TUTTE LE VOLTE che decido di fare finalmente la mia mossa col tipo che mi piace c'è sempre qualche strega che si intromette, provandoci con lui a sua volta e rovinando il piano. Anche se lo progetto nei minimi dettagli.
Ecco, e adesso mi viene in mente una situazione in cui mi sono trovata non troppo tempo fa.

Me ne stavo come ogni santo giorno davanti alle macchinette, a scuola; erano le dieci del mattino e c'era la ricreazione, e io ero lì, con i miei soliti 35 centesimi, pronta per prendere le croccantelle, che sono una roba grassa peggio di un panetto di burro, ma pure buona come poche altre cose. Soprattutto se sei affamata e hai anche le tue cose.
Mi ero appena chinata per recuperare questa meraviglia piena di calorie quando ho visto entrare dalla porta il ragazzo – il manzo inarrivabile, esatto – che in quel momento mi faceva schiantare.
(CRUSH!).
Ma... indovinate un po': dietro di lui c'era un bello stormo di gazze ladre, tutte prese a volargli attorno. Non potevo sopportarlo, la mia pazienza già è poca, ma lì proprio non ci ho visto più. Altro che pazienza, la pazienza era finita! L'avevo proprio esaurita.
Ho preso coraggio e mi sono avvicinata. Ma no, non per provarci con lui, solo perché DOVEVO far stare zitte quelle quattro oche da passeggio che aveva vicino.
Ne ho presa di mira soprattutto una, la "popolare della scuola": quella del tipo che se la tira da qui a New York perché sul suo account Instagram conta tremila seguaci, mettendo foto mezza nuda accompagnate da frasi d'amore alla Bukowski e hashtag vari (#mylife, #love #freedom e chi più ne ha più ne metta). Roba da vomito.
Insomma, arrivo davanti a lei con fare minaccioso e metto in atto il mio piano malefico, progettato negli ultimi venti secondi. Le faccio una domanda, una domanda molto semplice: «Ciao, scusa, sai che ore sono?».

Lei ovviamente fa per rispondermi e io la blocco prima ancora che riesca ad aprire la sua boccuccia e dico: «Te lo dico io, È L'ORA DI LITIGARE».
Silenzio.
Ragazze: un silenzio che nemmeno ve lo potete immaginare.

MUTA.

Non si aspettava per niente una cosa del genere.
Avevo vinto.
Magari ha anche provato a cercare un buon modo per ribattere, ma nel suo cervello pieno di like non ha trovato un accidente.
Inutile dire che da quel giorno ha deciso di starmi alla larga: ogni volta che i nostri sguardi si incrociavano, il suo si abbassava l'esatto secondo dopo.
Una in meno.

Ma fatto trenta bisognava far trentuno: dovevo passare alle altre oche che starnazzavano ancora libere e beate nel loro laghetto.
Quindi ho preso di mira quella che aveva l'hobby più particolare: provare (esatto: non provarci, PROVARE) più ragazzi possibili durante le serate in discoteca. Una ragazza passionale, insomma, chiamata comunemente anche in un altro modo, ma diciamo che è meglio se ci fermiamo qui.

Con lei ho deciso di prendermi una settimana di tempo: dovevo studiarla, analizzarla, paragonarla alle altre e, soprattutto, trovare qualcosa che l'avrebbe fatta scappare a gambe levate dalla vergogna. E l'ho trovata.
In quel periodo stavamo studiando la mitologia greca, più precisamente...

PROFESSORE:
«... il rapimento di Elena regina di Lacedemone, – silenzio – per mano di Paride, il figlio di Priamo, re di Troia. Cosa sapete dirmi in proposito? Abbiamo studiato la guerra di Troia nella mitologia greca – silenzio – attraverso i poemi epici, quali? Chi me lo sa dire – silenzio – eh? Chi lo ha studiato? Nessuno? Ulisse – Nessuno – Ulisse-Nessuno non vi dice niente? È già un aiuto, non ve ne darò altri, va bene vi aiuto, Polifemo – chi si ricorda, chi alza la mano? La guerra... È finita. È finita l'ora – silenzio – andate a casa a studiare. Sparite, sono disperato».

Il professore di storia è sempre abbattuto; ogni anno invecchia più in fretta. Volevo aiutarlo a trovare di nuovo il suo entusiasmo. La mitologia mi ha sempre affascinata: andavo molto bene nelle interrogazioni e nei temi, perché approfondivo anche a casa per i fatti miei e poi volevo scoprire ogni singolo segreto di questi racconti epici. È piena di cose interessanti e fichissime tutta questa roba!
E così, arriva il momento giusto.
L'argomento a lezione era perfetto e soprattutto, cosa importantissima, non ero ancora stata interrogata in quel periodo (poi capirete perché ve lo sto dicendo...).

Insomma, vado a casa, mi chiudo in camera per quattro ore e studio ininterrottamente tutto il pomeriggio; mi preparo in modo a dir poco impeccabile: a prova di bomba.
Il giorno dopo il prof interroga. E io sono pronta, sono più che pronta.
Il nostro professore non faceva mai interrogazioni programmate, quindi, come da prassi, inizia a estrarre per capire chi interrogare, ma io lo fermo subito e gli chiedo: «Posso offrirmi?».
«Sì, ti prego...», ribatte, senza alcuna esitazione e senza chiedermi nulla.
In effetti sono una ragazza che ha sempre studiato e il prof sapeva che, se anche mi avesse estratto un altro giorno, sarei comunque sempre stata preparata.
Inizia a farmi domande riguardo l'*Iliade* e l'*Odissea* e su Omero in generale.
E poi mi chiede di parlargli di qualcosa che mi aveva particolarmente colpito.
Era il mio momento: «La guerra di Troia», dico.
E lui: «Bene, ti ricordi quale è stato il motivo della caduta di Troia?».
Sapevo di giocarmi un voto in rosso sul registro e probabilmente una nota, ma non mi importava: stavo per ricevere la gloria eterna nella mia classe e per coprire di vergogna un'altra delle oche.
Ho fatto un bel sorriso, ho guardato ben bene l'ochetta e, indicandola al prof, ho risposto: «Prof, non credevo me lo chiedesse... e va bene: il fatto è che l'ho vista provarci con il ragazzo che mi piace e così le ho fatto lo sgambetto facendola cadere. Ma vabbè, adesso non esageriamo, addirittura dedicarle dei versi dell'*Iliade* mi sembra eccessivo».

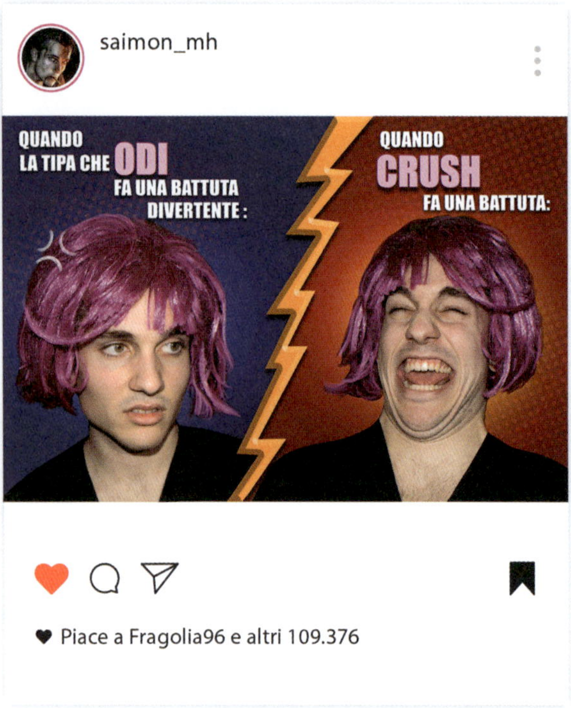
saimon_mh
QUANDO LA TIPA CHE ODI FA UNA BATTUTA DIVERTENTE:
QUANDO CRUSH FA UNA BATTUTA:
Piace a Fragolia96 e altri 109.376

I miei compagni soffocavano dal ridere, e pure il professore ha fatto fatica a trattenersi, anche se alla fine doveva fare il suo lavoro, quindi mi ha sgridato, mi ha dato un bel quattro e una nota sul registro.
Ci stava.

MA QUELLA TIZIA È DIVENTATA ROSSA COME UN PEPERONE E DA ALLORA NON HA PIÙ OSATO GUARDARMI IN FACCIA.

Aveva paura, datemi retta. Una paura pazzesca. Paura della mia strategia vendicativa.
Nella vita spesso bisogna avere i nervi saldi e tanto coraggio, soprattutto nelle situazioni complicate, soprattutto quando si tratta del ragazzo che ti piace e delle oche che gli girano attorno. Mostrare di saper difendere il territorio è una questione di testa più che di muscoli o di mosse avventate.
A volte è necessario andarci pesante, come ho fatto con un'altra povera ragazza che non lasciava mai in pace Crush (anche se a lui non fregava un bel niente di lei, OVVIAMENTE). Sapete cosa le ho detto, quando l'ho vista ronzargli attorno come una mosca? Le ho detto...
«Ehi, bella, guarda: se vuoi, puoi provarci pure con le piante, respirano anche loro!».
... CRUSH!!!

LEI CI È RIMASTA SECCA.

COSA NE PENSA SIMONE

Io non volevo dire sempre qualcosa per forza, in questo caso per esempio sono rimasto solo a guardare, come una pedina... e ho scoperto molte cose. Ho scoperto per esempio che forse ero rimasto solo e nessuna ragazza mi parlava più tranne una, una che si metteva davanti a me e con la faccia affondata nella sciarpa farfugliava lentamente "frrr ffffrrr fffr frrr", che il mio gatto quando fa le fusa scandisce meglio. Mi sorge un dubbio: ma non è che questa delicatissima adolescente, sbilanciata da uno zaino troppo pesante, questa timida ragazza dai grandi occhi liquidi... non è che ha liquidato letteralmente ogni forma femminile vivente sulla terra? Quando passo scappano tutte! Forse devo prendere in considerazione l'idea di lavarmi di più o cambiare maglietta a metà lezione. Non posso sapere la verità, né mai la saprò per intero, ma per me, la trama, come in un poema epico, s'infittisce.

Lui
Online
Ti prego amami, amami come se fossi una pizza
Sono celiaca
Scrivi un mes...

SIAMO SOLO AMICI

NOMI
DEI
FIGLI

"TI VEDO SOLTANTO COME UN AMICO, MI DISPIACE". UNA FRASE FACILE, NO?

Che poi il più delle volte nemmeno c'è un vero dispiacere...
Ecco: pronunciare queste semplici parole può risultare un vero e proprio gioco da ragazzi, facile come bere un bicchier d'acqua, soprattutto se il destinatario è uno di quei casi umani che nemmeno conosciamo e mai nella vita vorremmo incontrare.
Non ci causa alcun senso di colpa, è solo un chiarimento della situazione e poi avanti come prima, meglio di prima, senza equivoci di sorta.
Ma c'è un "però".
Perché se PERÒ poi il destinatario finale siamo noi, sono guai.
Essere il ricevente (telefonico o dal vivo) di questa frase può distruggere l'adolescenza, anzi, la demolisce proprio, la tritura, la disintegra.
C'è un prima e un dopo nella vita di tutti quelli che sono visti solo come amici. Ti vedo solo come un'amica... anzi scusa, aspetta... adesso non ti vedo più, che è successo? È successo che appena ce l'hanno detto ci siamo polverizzate, siamo diventate piccole particelle in sospensione nell'atmosfera terrestre. Come se niente fosse, chi te la dedica ci mette un fiocco sopra, la impacchetta e, come fossimo a Natale, ti fa gli auguri e te la consegna con un bel sorriso.
Riuscire a gestire un rifiuto è molto più facile per un ragazzo, lo dico per esperienza: entra in discoteca e, vedendo altre mille donzelle, si dimentica di ciò che è successo e anche il vostro nome.
Non generalizzo: io l'ho vissuto!

Ho lasciato il mio ex e, volendogli bene, gli ho detto "restiamo amici", o qualcosa di simile.
Non andava più da tempo oramai tra di noi, ma comunque nel momento della rottura entrambi ci siamo rimasti tanto male, abbiamo pianto, perché era un qualcosa che tempo prima ritenevamo solido e sicuro, che poi purtroppo abbiamo visto sgretolarsi dinnanzi ai nostri occhi.
Il giorno seguente, mentre ancora provavo questo terribile dispiacere, ho scoperto le seguenti cose:

1. La sera stessa in cui era stato *friendzonato* era stato invitato da amici in discoteca per "distrarsi".

2. Qui, casualmente, ha fatto *più che conoscenza* con una befana.

3. Quando gli amici gli hanno chiesto se pensava ancora a me, lui ha detto: "Chi? Ah, già, come si chiamava...".

I mesi trascorsi assieme a prometterci amore eterno, gli anelli e soprattutto le lacrime di poche ore prima erano spariti come nel film *Se mi lasci ti cancello*. Che dopo *Karate Kid* ha fatto danni terribili, questa volta facendo dilagare la moda della ragazza col capello colorato fai da te.

Ma se ci tingessimo verde alga ci guarderebbe più il nostro ex, mentre noi, come detto prima, stiamo lì a spiare le sue mosse per poi andare dallo psicologo.
Una donna fa fatica. E se non siete d'accordo parlo al personale, così non potete controbattere:

IO faccio fatica a digerire un rifiuto!
Mi servono mesi per mandare giù una cosa del genere, faccio incubi nei quali lui appare sotto forma di Joker, il cattivo di Batman, di It, il pagliaccio assassino, di... di... di mia madre, di mia nonna, di mio fratello; il mio gatto sale sul letto e ha la sua faccia, è terribile! Tutto mi ricorda lui, anche gli stipiti delle porte, quelli che prendo a testate per vedere se il dolore fisico mi fa dimenticare quello sentimentale.
Non mangio per giorni oppure, al contrario, finisco per abbuffarmi di cotolette e melanzane fritte a casa di nonna, l'unica felice perché non vede l'ora di friggere tutto, rognoni, cuori, cervella e la mia disperazione. "Frigge tutto nonna, e vedrai che ti passa". Mi abboffo come un bufalo cercando di colmare questa mancanza, questo vuoto che è così maledettamente vicino allo stomaco... Sono strana? No.
Forse sono psicopatica e leggermente lunatica, magari sono un po' altalenante ed emotiva, vendicativa, distruttiva, eccessiva... ma non strana.

QUANDO QUALCUNO TI DICE "NO" AUTOMATICAMENTE LA TUA AUTOSTIMA DECIDE DI PRATICARE BUNGEE JUMPING SENZA CORDA. PRECIPITA. DRASTICAMENTE.

Raggiunge l'oblio più profondo e remoto del tuo piccolo cuoricino divenuto pietra fossile.
Passi i giorni seguenti con il nervoso, divorandoti

le bellissime unghie da manicure francese che avevi fatto crescere con immensa pazienza nei mesi precedenti. Non esci più da camera tua e metti a palla nelle cuffiette tutte le canzoni di Ultimo, dalla prima all'ultima, da quando è nato fino a oggi, giusto per dare al corpo quel pizzico di malinconia che manca per arrivare alla depressione cosmica. Che poi ti trovi anche di nuovo sulla poltroncina dello psicologo della scuola, dove la prof ti avrà mandata dopo averti ritirato l'ennesima verifica resa illeggibile a causa delle lacrime sparse sul foglio.

PSICOLOGO:
Fino a qualche anno fa, quando ero giovane, ovvero nel secolo scorso, ricevere un NO era sicuramente brutto, però non soltanto per chi lo riceveva: vedi cara, era abbastanza complicato formularlo. Innanzi tutto si creava un momento di tensione piuttosto sofferta anche per chi doveva pronunciarlo. Poi funzionava in questo modo: la persona in questione, se non poteva utilizzare il telefono fisso di casa perché era occupato da sua madre, suo padre o sua sorella che parlavano – poco perché c'era lo scatto alla chiamata e i minuti a pagamento erano salatissimi... dove ero rimasto? Ah sì, cara, colui o colei che voleva lasciare l'altro o l'altra doveva presentarsi davanti agli occhi del precedente partner e dirglielo in faccia, superando paure, schiaffi, calci nelle parti basse, scenate isteriche e prendendo coraggio da un ideale di bene comune. Ci si giustificava cercando di non aggravare la situazione nei confronti del partner, perché se una persona non ti interessa è meglio per entrambi che

saimon_mh
SITUAZIONE SENTIMENTALE:
IO:
Piace a Fragolia96 e altri 109.376

la relazione venga interrotta. Questo produceva dunque una certa dose di ansia che poi veniva assorbita dalla televisione generalista. Oggi è tutto diverso e temo che questo abbia diminuito il peso e la preoccupazione di chi chiude una storia comunicandolo per messaggio.

È vero! Siamo nel 2020, signore e signori, l'era dei social network, dei robot che ti servono al tavolo e dei video virali come quello dove un gattino fa la *Macarena*. No, davvero, ho visto un video di un piccolo gattino grigio ballare la *Macarena*: che bellino che era, e andava pure a tempo! Molto meglio di quella scena indimenticabile che ha segnato la mia età prepuberale, quando mia madre si è esibita nella *Macarena* al villaggio turistico a Rimini. E non era nemmeno ubriaca!

NESSUNO CI PREPARA ALLA VITA...

Ma vabbè, scusate la divagazione e torniamo a noi. Siamo in un periodo in cui la gente passa più tempo al cellulare che a parlare con la propria fidanzata, ragazze che per non spostarsi da una stanza all'altra mandano i messaggi alla mamma in cucina, fidanzati che si scambiano vocali al posto di discutere. Ripeto, tira più un like di Instagram che un carro di buoi, l'avete capita? Beh sì, a buon intenditor poche parole, no? È assurdo pensare che i social stiano rendendo

tutti inattaccabili: ci sono persone crudeli che riescono a nascondersi dietro a un account di Instagram, i cosiddetti "leoni da tastiera". I social stanno dando un potere incredibile alle persone che devono rifiutare qualcuno, perché, tanto, basta un semplice click e hai inviato il tuo messaggio, senza bisogno di incontrare di persona la povera destinataria... tante grazie e arrivederci!
Troppo facile.
Perché se da una parte abbiamo imparato a digitare "No" sulla tastiera a tre o quattro anni, dall'altra chi riceve quel messaggio è come se venisse centrato da un destro di Rocky Balboa: rimane steso per un decennio.
Una volta, dopo innumerevoli tentativi andati a vuoto con alcuni ragazzi, ho deciso di prendermi sul ridere, provandoci con un ragazzo tanto bello quanto arrogante. Così, per divertimento puro.

VI SPIEGO MEGLIO.
Eravamo a teatro, quelle solite uscite che durano un paio d'ore dove si va a teatro ad ascoltare alcune opere, soprattutto in lingua inglese e soprattutto di Shakespeare. Tra la prima e la seconda parte dello spettacolo c'è un piccolo break: una pausa di circa venti minuti per il cambio di scena. Serve agli attori per prepararsi e cambiare i vestiti e a noi per sgranchirci le gambe e mangiare qualcosina.

SONO ANDATA DAL RAGAZZO CHE MI PIACEVA, TANTO NON AVEVO PIÙ

NULLA DA PERDERE, ANZI, PER COM'ERO MESSA, NON POTEVO SCENDERE ANCORA PIÙ IN BASSO.

Ho deciso di avvicinarlo con la classica "scusa della merenda". Si chiama in questo modo perché è mitologica ed è materia di studio fin dalla scuola materna. Chi ha frequentato l'asilo nido ricorda la stessa pratica: si vaga un po' stralunate durante l'intervallo finché, avvicinandoci a quello che ci piace, chiediamo se possiamo avere un po' di quello che sta mangiando, nel senso di un pezzo di cibo, una parte di merenda... Non era contentissimo, lui: la madre quel giorno gli aveva dato un tupperware con la minestra di semolino e non voleva che gli altri lo scoprissero. Alla fine, dopo innumerevoli insistenze, me ne fece assaggiare un cucchiaio. Era buonissimo. Non me lo dimenticherò mai. Gli ho chiesto che ne pensava dello spettacolo, mi ha risposto che stava bene ma che il teatro gli aveva fatto cadere le... ehm, vabbè, diciamo che lo stava annoiando in una forma molto basilare.
Poco dopo ho messo in atto il mio piano: gli ho chiesto in modo più che tranquillo: «Ma senti, ti andrebbe di uscire questo pomeriggio?». Giuro che non ero agitata: tanto non avevo alcuna paura di ricevere un rifiuto, anzi, questa volta volevo prendermi gioco di me stessa.
Ma lui mi spiazzò oltre ogni immaginazione, sfoderando un arrogantissimo e spavaldo: «No, mi spiace, sei un po' bruttina...».
Per fortuna che TI SPIACE!

Un rifiuto così sessista, maleducato e irrispettoso avrebbe fatto precipitare istantaneamente in una voragine l'autostima di Belén! O di qualsiasi persona al mondo. «Vabbè, ma puoi camminare chiudendo gli occhi, così non mi vedi», gli ho risposto candidamente.
Non è stato il massimo, avrei dovuto dirgli qualcosa d'altro, tipo che era un cafone, ma non volevo scatenare la rissa. D'altra parte non era stato smosso nemmeno dallo spettacolo, che poi, sì il solito *Romeo e Giulietta*, ma pur sempre bello. Magari ci piacerebbe vedere anche qualcosa di nuovo, ma le basi sono necessarie: "Queste gioie violente hanno fini violente. Muoiono nel loro trionfo, come la polvere da sparo e il fuoco, che si consumano al primo bacio. Il miele più dolce diventa insopportabile per la sua eccessiva dolcezza: assaggiato una volta, ne passa per sempre la voglia. Amatevi dunque moderatamente, così dura l'amore".

E, INFINE: "CHI HA TROPPA FRETTA ARRIVA TARDI COME CHI VA TROPPO PIANO".

Da quel momento ho capito una cosa: funziona di più, anche quando mi sento poco attraente, usare l'ironia e strappare un sorriso. L'ironia, l'arguzia possono cambiare l'aspetto anche della rospa più brutta... vabbè, nei limiti del possibile. Lui aveva sorriso. E non l'avevo mai visto sorridere.

VOGLIO DARVI UN CONSIGLIO.

Perché ormai ho parecchia esperienza in questo settore: ho una lunghissima lista di rifiuti ricevuti da persone che amavo segretamente. Quindi voglio dirvi questo: per riuscire a superare un rifiuto da una persona che vi piace seguite questi cinque passi:

1.

Non fatevi buttare giù. Ricordatevi sempre: meglio prendere un due di picche in più, che non prenderne proprio più. Provateci, mal che vada vi bloccheranno tutti su Instagram, come è successo a me. Ma guardatemi, sono ancora solare e sorridente! No, scherzo, sto piangendo. È orribileeee.

2.

Valorizzate ciò che avete di buono. Magari non avrete un viso magnetico, degli occhi penetranti o dei capelli belli e setosi come nelle pubblicità, ma avrete sicuramente altri attributi utili da far vedere al vostro amato, no? Presente quando a scuola per recuperare il quattro in matematica vestiamo un po' più scollate per farci alzare il voto dal prof? O quando, se è una professoressa, le facciamo dei complimenti per come riesce a incantarci con le sue lezioni coinvolgenti? L'importante è farlo concentrare su ciò che più risalta in voi. Facile: lo faccio subito... mi correggo,

scusate, in diretta, ho appena provato questa tecnica della scollatura con il prof che mi ha dato due e mi ha messo una nota; provate con l'adulazione e basta, sarete sicuramente più fortunate di me, tranquille!

3.

Non portate rancore. Ci hanno rifiutato? Passiamo al prossimo, perché il mondo è pieno di pesci. Se però casualmente passate in macchina vicino a lui in un giorno di pioggia mentre avete ancora il foglio rosa e, sempre accidentalmente, attraversate una pozzanghera lavandolo dalla testa ai piedi, meglio. E comunque a guidare bisogna pur imparare, tenendosi prima a destra.

4.

Siate più mature di colui che vi ha rifiutate. Passate oltre: quando gli camminate vicino non degnatelo di uno sguardo. Siamo donne, siamo mille volte più intelligenti degli uomini. Come quella volta che per mostrare la mia totale indifferenza ho scagliato un sasso contro la finestra di camera sua, come nei film, rompendogli il vetro. Attorno al sasso era appallottolato un foglio che recava la scritta: "Mi è passata, tranquillo".

5.

Il quinto e ultimo consiglio che voglio darvi è quello di parlarne con amiche o familiari. Perché saranno gli unici capaci di starci accanto in momenti così delicati e tristi per noi. Il problema è proprio averne di amici, perché io ho parlato per giorni con il mio

gatto (che nei sogni e negli incubi aveva la sua faccia) ma non è stato di grande aiuto: miagolava perché voleva il cibo e io insistevo a fargli provare la minestra di semolino... che poi mi sa che anche questo qui è un tragico mammone. Il gatto comunque poi andava a dormire. E ciaone.

Ecco, forse questi consigli non sono azzeccatissimi, però quello che vi posso dire è che, se un ragazzo vi rifiuta, dovete ricordarvi che ha perso lui, perché si è lasciato sfuggire una ragazza piena di film mentali, paranoie, ansia da vendere e voglia di non fare nulla. No, aspetta. Intendevo dire... ah, vabbè, lascia stare, tanto alla fine piangiamo tutte per almeno due mesi consecutivi mangiandoci chili di gelato sul divano guardando Netflix.

COSA NE PENSA SIMONE

Ho nostalgia della carta Scottex con le citazioni d'amore. La usava la mamma per avvolgerci il panino e io facevo sempre la mia bella figura. Col tempo le ho trascritte e mi sono utili per non essere mai scortese. È per questo che io non cado mai troppo in basso quando mi avvicina una ragazza che non mi piace: alla peggio, se non so cosa dire, ho le mie citazioni sul diario. La lascio in attesa silenziosa, come se stessi sfogliando l'agenda per un appuntamento; ci metto un po', vado in cerca di quella più adeguata... e poi rispondo.
"L'amore è la nebbia che si forma con il vapore dei sospiri". Questa è una delle mie preferite. Spesso la ragazza scappa via a lavarsi i denti e posso riprendere tranquillamente le mie faccende.
Se mi chiede come mi chiamo, posso sempre dire: "Che cosa c'è in un nome? Ciò che noi chiamiamo con il nome di rosa, anche se lo chiamassimo con un altro nome, serberebbe pur sempre lo stesso dolce profumo". A quel punto, mentre la mia frase aleggia ancora nell'aria, io sono svanito nel nulla senza darle il mio contatto. E sono andato a farmi la doccia probabilmente, perché, come dico sempre: fidatevi di me e subito dopo... LAVATEVI!

Ex
Online
Mi manchi…
Dove sei?
A casa
Affacciati al balcone
Eccomi
Perfetto, buttati ora
Scrivi un mes...

VITA DA STALKER

FBI
FBI

Eccoci qui. Nascoste dietro a un paio di occhiali da sole in pieno inverno, con il buio pesto, un cappotto talmente grande da farci sembrare delle eschimesi, o peggio delle foche, comprese le pinne al posto delle braccia perché è fuori misura. Ci troviamo sedute al bar. Abbiamo appena ricevuto al tavolo il nostro caffè, che resterà lì a freddarsi. Lo abbiamo preso controvoglia ma è parte integrante del piano: siamo in missione segreta, appostate per spiare il nostro ragazzo, alla fine di un estenuante pedinamento. Abbiamo girato tutta la città, lui in motorino e noi a piedi, in bici, col monopattino rubato a un bambino, poi in autobus, taxi... è molto impegnato il nostro ragazzo... Ehm, volevo dire, il ragazzo che sarà nostro. È solo una questione di previsioni: lui ancora non lo sa, ma ci stiamo lavorando, anzi, siamo qui proprio per questo, per agganciarlo. Seguire, o meglio stalkerare, un ragazzo è uno degli hobby principali di ogni ragazza... okay, il mio di sicuro. Io mi espongo, voi fate come vi pare. Io stalkero Crush, il mio lui (presunto tale) ma stalkero anche e soprattutto il "lui" delle mie amiche. Ecco, lo so che lo fanno in tante: lì ci trasformiamo in agenti sotto copertura della CIA, perché paradossalmente preferiamo aiutare in amore la nostra migliore amica, piuttosto che noi stesse. Ammettiamolo! La parte bella arriva quando lui palesemente rifiuta la nostra best e noi iniziamo a urlargli dietro cose abominevoli, arricchendole di indizi raccolti a sua insaputa, che non hanno nulla a che vedere con la finezza femminile che dovremmo avere, che in confronto un camionista ci chiederebbe lezioni private. La nostra migliore amica resterà basita e contenta. Più basita che contenta.

AMO (AMICA CHE COME TUTTE LE AMICHE SI CHIAMA "AMO" E VI CHIAMA "AMO"):
"Amo, però non era necessario urlare al mondo di quando lo hai trovato a mettersi il dito nel naso durante la partita di basket e mangiarsi la caccola, non sei stata eccessiva? E il vocabolario? La metà dei tuoi insulti nemmeno so cosa voglia dire: cosa vuol dire "enuretico"? Eh? Piscialetto? Beh, amo, potevi dirglielo più facile, ma come fai a saperlo? Hai seguito sua mamma che parlava al telefono con la sua best del problema? E poi quanto tempo ci hai perso dietro, guarda che nel frattempo si è fatta primavera e sei ancora lì che ti travesti come se dovessi sbarcare in Groenlandia: chi sei, la renna di *Frozen*?

Stalkerare è il passatempo più bello ma ansiogeno di tutti. È divertente giocare a fare la detective, ma quando durante una missione scopri che il tuo lui esce con altre ragazze il tuo cuore batte più veloce, ti viene mal di pancia e inizi a respirare faticosamente. È un lavoro duro. Un lavoro che richiede sangue freddo e grande volontà. Un lavoro che non sempre porterà a un risultato positivo. Uno sporco lavoro, ma qualcuno deve pur farlo. Un lavoro che ci rende dipendenti dai nostri telefonini e finisce che dobbiamo tornare di nuovo dallo psicologo.

PSICOLOGO:
Fino a qualche anno fa stalkerare era pressoché impossibile. Ci si metteva attorno a un tavolo, in camera, e si doveva elaborare la strategia. La città appariva tutta disegnata su un tabellone

di cartoncino e i punti strategici erano segnati in rosso. Scuola, bar, campetto, palestra di basket, edicola, discoteca, casa di ogni vittima, case nostre, case delle vacanze che aprivamo in altri tabelloni per lo stalking fuori sede. Dovevi puntare tutto sulle tue doti investigative, non avevi molti strumenti: eravate semplicemente tu e la tua voglia di scoprire tutto, dalla taglia di reggiseno di sua madre fino al colore preferito di quel moccioso di suo fratello.

Oggi è diverso. Oggi vi tocca poi fare un programma di recupero per disintossicarvi da uno stalking tutto digitale che preoccupa i vostri genitori molto più di quanto si preoccupassero i nostri, ai quali tutt'al più dicevamo che stavamo facendo un nuovo gioco di ruolo. Tutto a posto. Per me scoprire tutto di una persona coi social è un gioco da ragazzi, è come bere un bicchier d'acqua. No davvero, poi sarà che sono una ragazza che beve poco, ma penso di aver stalkerato più profili Instagram che bevuto bicchieri d'acqua in vita mia. Ricordatevi sempre di bere, amiche mie: vi aiuterà a velocizzare il metabolismo, a non avere mal di testa e a concentrarvi maggiormente, e per stalkerare tutto il giorno un ragazzo avrete bisogno di parecchia concentrazione. Idratatevi.

COMUNQUE È INCREDIBILE COME CON INSTAGRAM TU POSSA SCOPRIRE TUTTO COSÌ FACILMENTE:
dove abita, quali persone segue, se tra queste si nascondono alcune sue ex, se segue alcune sue possibili nuove fiamme, chi sono i suoi amici...

tutto. Gatti o cani? Io prendo un block notes e faccio delle crocette. Pesce o carne? Vegetariano o vegano? Grazie alle *stories* scopriamo dove se ne va quotidianamente, cosa fa, a che ora e soprattutto… quando si trova a casa da solo! Così possiamo suonare il citofono e sentire che risponde…
«Ma chi sei?». Ah, la sua voce! Poi aspettiamo un po' nascoste nel bar di fianco e torniamo…
«Se sei il fattorino guarda che puoi lasciare la cena anche nell'atrio, scendo a prenderla».
Ma noi sappiamo già che a lui piace il tex mex e che lo ordina soltanto quando è a casa da solo. Scopriamo tutto, sappiamo tutto. Potevamo scoprire anche a chi metteva "mi piace", così da bloccare ogni singola fanciulla che riceveva un suo "mi piace". Però Instagram ha deciso di togliere questa possibilità incasinando le vite di milioni di piccole stalker come me. Ma non ci siamo arrese e abbiamo accettato la sfida, caro social network che ci mette i bastoni fra le ruote. Un'altra strategia, come ho già detto, è quella di creare un profilo falso, con il quale controllarlo quotidianamente: basta creare un account con un nome a caso da donna, tipo Alba2001, mettere delle foto ogni due giorni e sbam, il gioco è fatto. Questo account finto, però, nello stalking di gruppo ha una variante: spesso è condiviso con altre nostre amiche, così che ognuna di noi possa tranquillamente approfittarne. Per molti tutto questo è sinonimo di pazzia, non di rado dobbiamo confrontarci con lo psicologo, ma per noi è Arte. Se hanno venduto una banana attaccata a un quadro con lo scotch per cento milioni di euro, potrei vendere le mie capacità da stalker per molto più di quei pochi spiccioli.

La NASA ha scoperto che su Marte c'è l'acqua? Bene, bravissimi, io ho scoperto che la bisnonna di Crush quattro giorni fa ha vinto a tombola, incassando 155 euro, e ha perso la dentiera dopo che ha esultato per la vittoria come se fosse allo stadio. Come lo so? Segreto. È una cosa utile? Assolutamente no, però la so, perché sono una vera stalker professionista.

COSA NE PENSA SIMONE

Questa ragazza trova tutti i modi per occuparsi degli affari degli altri, ma dimentica di occuparsi dei suoi. Se non esistessero le telecamere di sorveglianza le consiglierei di fare di professione la vicina di casa impicciona, quella che aspetta dietro la porta, la sedia piazzata vicino per essere pronta a balzare con l'occhio allo spioncino, o passa il tempo origliando vicino all'ingresso per sapere a che ora rientri e a che ora esci, chi porti in casa, chi viene a trovarti e chi esce da casa tua. Avete presente? No? Beh, in alcuni casi è molto più efficace dell'antifurto: se non ne avete una o uno dovreste procurarvelo! Potrete tranquillamente lasciare il vostro appartamento a un ospite o subaffittarlo e telefonare per avere il controllo completo di tutto ciò che accade nel vostro appartamento mentre non ci siete. Anzi, vi conviene trovarvene un altro se amate la privacy e volete risparmiare sui sistemi di sicurezza.

Stalker
Online
Ehi… non riesco a prendere sonno sai?
Io sì, notte
Scrivi un mes...

NON CI CAPITE

SONO LA MIGLIORE AMICA CHE OGNI RAGAZZA VORREBBE.

Con un solo sguardo riesco a capire ogni singola parola che avrebbe voluto dire. Ti so dare consigli impeccabili, infallibili e dannatamente precisi. Faccio sempre la parte di quella che fa la spalla su cui la sua migliore amica può piangere dopo che il suo ex le ha spezzato il cuore per la quindicesima volta, in un mese. Sono la mano a cui potersi aggrappare, avere me per amica è come avere le ruote per le macchine: la carrozzeria può essere bellissima, ma senza le ruote la macchina non va da nessuna parte. Al tempo stesso penso di avere la maledizione che chiamo "contrappasso di Dante immeritato", perché ogni persona che conosco non mi capisce. È la sindrome di Cassandra: prevedo le catastrofi del futuro, nessuno mi crede e poi, quando immancabilmente si verificano le mie funeste profezie, me ne esco con il solito "Te l'avevo detto!" e mi tocca il conseguente pugno nell'occhio da parte del malcapitato – naturalmente anche quello, ahimè, previsto.

E NO, NON INIZIATE A DIRE CHE ESAGERO SOLO PERCHÉ SONO UNA DONNA E TUTTI QUESTI SONO I SOLITI CLICHÉ SESSISTI: PARLO DI ME STESSA, E NEL MIO CASO SPECIFICO DAVVERO NESSUN UOMO MI CAPISCE!

OGNI UOMO CHE CONOSCO È UN PASSO VERSO IL CONVENTO.

Manca poco e mi deciderò a vivere in clausura per alimentare la mia spiritualità, dimenticando questi orribili soggetti. Non capisco come sia possibile che al suo "che hai?", io risponda "nulla" e lui ci creda. Ma è PALESE che ci sia un problema, e il 99 per cento delle volte il problema è proprio lui. Non è difficile da capire.
Per non parlare di quando cerco di mostrare interesse verso un ragazzo. Come fa a non capire che, se lo ignoro, lo tratto male e non gli rivolgo il saluto, è proprio perché mi piace da morire e lo vedo come mio futuro sposo e padre dei nostri fantastici figli? Mi sembra così ovvio! Invece mi sento incompresa. Il ragazzo in questione mi raggiunge dall'altra parte di una stanza, di una classe o della festa e mi dice: «Se mi disprezzavi così tanto da starmi lontana sempre almeno cinque metri e non salutarmi, potevi anche avvisarmi che non venivo!».

UN'ALTRA COSA CHE GLI UOMINI NON CAPISCONO È COSA VOGLIO FARE REALMENTE.

"Cosa ti piacerebbe fare stasera?" è la domanda che temo di più quando esco con un nuovo caso umano. È ovvio che voglio andare a fare un aperitivo in centro, mangiare sushi e poi andare a bere un cocktail al *Buddha Bar*.
Ed è altrettanto ovvio che ti risponderò: "Quello che preferisci tu, per me è uguale".
E allora, se è così ovvio, perché accidenti mi devi

portare al bar dai tuoi amici, interrompendo il loro momento clou della settimana, la gara di rutti, poi in pizzeria – in pizzeria! A me! Con tutti quei carboidrati che mi minacciano da ogni lato – e infine a prendere due birre dal kebabbaro per berle su una panchina che è così romantico?
È mai possibile che nessuno mi capisce?
Non senti echeggiare la "sh" di sushi quando dico "quello che preferishi tu?".
O come quando ti chiedono: "Cosa vuoi per il tuo compleanno?" e tu, per educazione, dici: "Ma niente, basta un pensierino, davvero!".
E arrivano con una scatola di Baci Perugina.
Cioè, davvero hanno creduto alla storia del "pensierino"? Ma sei scemo o mangi i sassi?
Io volevo minimo una cuffietta Bose, che ne so, un iPhonecino, un paio di charm! Chiunque può arrivarci.

È TUTTO COSÌ FRUSTRANTE CHE MI SENTO A CORTO DI ENERGIE ANCORA PRIMA DI COMINCIARE.

saimon_mh

♥ Piace a Fragolia96 e altri 109.376

COSA NE PENSA SIMONE

Il problema del linguaggio che assume significati differenti a seconda dei sessi affonda le sue radici nell'antichità. Senza aprire un saggio a tema, potremmo dire che quando un cane scodinzola è felice, ma, attenzione, se a muovere freneticamente la coda è un gatto finisce per graffiarti! Voi direte, beh, sono animali diversi, ma anche tra esseri umani succede! Mai sentito parlare dei falsi amici? Tra le diverse lingue, intendo! Alcuni esempi: se andiamo a Londra e diciamo ad alta voce: "Accidenti!" quelli che ti stanno intorno credono ci sia stato un incidente e chiamano la polizia. Se dico che ho un ricordo, sempre parlando con una inglese, pensa che abbia inciso un disco e diventa una mia groupie, mentre io volevo parlare di mia mamma! Se poi al ristorante chiedo sei ostriche quelli capiscono "ostrich" e mi portano degli struzzi. Dunque non diamo mai le parole per scontate, neanche in gita a Parigi: sei al bistrot e la tua fiamma francese vorrà "déjeuner"; non alzarti dal tavolo dicendole che è pazza, che hai fame e non hai nessuna intenzione di digiunare!

Il suo era solo un modo per invitarti a pranzare! Lo so per esperienza perché io, beh, sì, sono il ragazzo che si è alzato in piedi urlando: "Ho fam! No digiunar!". Usate Translator o qualunque applicazione di traduzione prima di essere avventati. Lo so, per parlare con una ragazza del vostro stesso Paese non c'è un traduttore a cui appellarsi, solo l'esperienza, l'ascolto e la pazienza. Dietro a "niente" in risposta a "che cos'hai" c'è un altro paese, un altro mondo, un'altra lingua: tutto il dramma di cui è intrisa la storia femminile! E sai una cosa? Il colpevole di tutte le infelicità della tua ragazza non sei altro che tu, il suo ragazzo, e chissà di quali orribili gesti ti sei macchiato. Quindi la parola "niente", col tempo, la maturità e l'esperienza, come dicevo, comincerà a suonare esattamente come l'allarme antincendio. Attenzione: tra poco la stanza sarà invasa di fumo nero! In meno di tre secondi dovrai scegliere se lanciarti dalla finestra del settimo piano – frantumando i vetri con il tuo corpo – o respirare esalazioni altamente nocive. Attento: una volta svenuto potresti essere scaraventato dalla finestra del settimo piano. È stata la tua ragazza a farlo, dopo aver pronunciato la parola NIENTE... Cerca di essere consapevole e non ridurti a essere defenestrato o *friendzonato* così, senza capire il perché.
Oppure, se non riuscite proprio a mettervelo

bene in testa, cercate di trovarvi sempre in luoghi aperti o, quantomeno, al piano terra. Leggere nel pensiero: uno dei superpoteri che ti chiedono sempre di scegliere quando fai quegli stupidi test online. Vorresti essere invisibile, saper volare o leggere nel pensiero? Un superpotere che noi maschi normali purtroppo non abbiamo ancora. Potremo svilupparlo forse, un giorno, come abbiamo imparato a camminare eretti e abbiamo inventato la ruota, ma non è questo il giorno. Quindi, amiche mie, quando c'è qualcosa che volete da noi, un posto dove volete andare, una cosa che volete fare, c'è una soluzione per soddisfare i vostri desideri. Ve lo dico, ma solo perché siete voi. Attenzione, è un segreto importante e potrà cambiarvi la vita. Quando c'è qualcosa che volete basta CHIEDERLO. Vi giuro, è un metodo sicuro, fatelo e nessuno si farà male. La ragazza di un mio amico una volta voleva un gelato e ha provato a dirglielo. Lui, dopo un iniziale momento di smarrimento, ha elaborato l'informazione, è entrato in gelateria e glielo ha comprato. Credetemi, è successo veramente! Non è difficile, non abbiate paura. All'inizio sembrerà strano, forse avrete un po' di tremori, un leggero senso di nausea... ma poi passa tutto e diventerà facile come bere un bicchiere d'acqua!

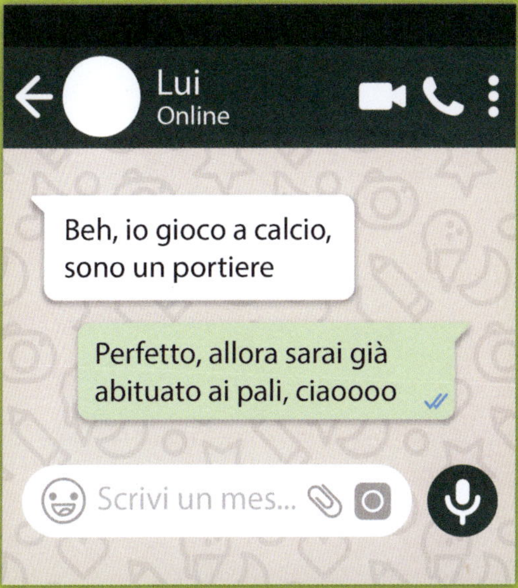
Lui
Online
Beh, io gioco a calcio, sono un portiere
Perfetto, allora sarai già abituato ai pali, ciaoooo
Scrivi un mes...

Stalker
Online
Tuo padre è un ladro?
Perché ha rubato due stelle per mettermele al posto degli occhi?
No, perché mi sono spariti 100 euro
Scrivi un mes...

SESTO SENSO

HO INCONTRATO CLOWN DI TUTTI I TIPI. CLOWN? HO DETTO CLOWN? INTENDEVO DIRE RAGAZZI, SCUSATE.

Quei tipi di persone che mentre state facendo qualcosa per i fatti vostri si mettono i trampoli, sputano fuoco, spruzzano acqua da un girasole di plastica infilato nel giacchino, usano trombette per richiamare la vostra attenzione, cercano di farvi ridere perché qualcuno ha detto loro: falle ridere e le avrai conquistate... Nel film *Chi ha incastrato Roger Rabbit* si dice qualcosa del genere...
Eddie: «Seriamente, che cosa ci trovi in quel coniglio?».
Jessica: «Mi fa ridere».
I ragazzi-pagliaccio, insomma, a cui però, a differenza dei pesci pagliaccio come Nemo, nessuna grande produzione cinematografica dedicherà mai un film. Al massimo un corto. Ricordatevi: Roger Rabbit era un coniglio. Non immaginatevi di arrivare sgranocchiando una carota e, con battute di second'ordine, di conquistare la vostra Jessica Rabbit: non succederà. Dietro a quel film ci sono sceneggiatori troppo intelligenti e, se non lo siete, non tentate di fare i buffoni.

C'È UNA DIFFERENZA TRA FARMI RIDERE ED ESSERE RIDICOLI.

Il bar della scuola, per esempio: ma perché quando ti avvicini al bancone per il caffè e vuoi pensare alle disgrazie del mondo (*in primis* alle tue) devi sentirti fare battute come quella che segue.

RAGAZZO DEL BAR DELLA SCUOLA:
«Ehi, cos'è quel broncio? Guarda qua, guarda là, guarda su, guarda giù... guarda me... fammi un sorriso...».
No, non te lo faccio il sorriso. Primo: ci vuole sensibilità per capire che non è il momento e mi stai dando fastidio. Secondo: hai scelto un'esibizione da pagliaccio. Se vuoi proprio far colpo almeno tirami fuori tutto il circo: fai roteare dieci piattini in aria e riprendili! Non è che una di malumore ti sorride così, impegnati!
E ancora: non farti beccare o cambia strategia, se vuoi avere il sorriso di una ragazza qualsiasi presa nel mucchio! Mi spiego. Tempo di andare al bagno, uscire, dieci minuti dopo ero sulla porta del bar, decisa a non rivederti mai più, ma sono stata attratta da qualcosa che avevo già sentito! Non mi hai visto e hai fatto:
RAGAZZO DEL BAR DELLA SCUOLA:
«Che è successo, hai il broncio, bellezza? Guarda qua, guarda là, guarda su, guarda giù... guarda me, fammi un sorriso...».
Però questa frase l'hai rivolta alla mia compagna, una cessa mondiale che piangeva per il quattro in storia; hai detto perfino "bellezza"! E nemmeno lei aveva trovato divertente questo gioco.
Ti do un consiglio, tipo poco intelligente: cerca di impegnarti, esci dalla zona di comfort! Non è così complicato; per concentrarti mangia il pesce, che dovrebbe far bene al cervello, oppure assumi degli integratori per la concentrazione. Prova a cambiare frase, di tanto in tanto. Oppure fidati: se non riesci a essere intelligente, ma vuoi sembrare intelligente, non avvicinarti troppo alle ragazze e taci. È la tecnica migliore. Come fai ad attirare l'attenzione? Esercitati a fare qualcosa di

speciale: comincia con le arance della spremuta. Prima ne fai roteare due, poi tre, poi, solo quando sei bravo, mettiti lì e fai girare le arance in aria. Attento, se spacchi le tazzine ti tocca pagarle e sembri deficiente da capo e, come nel gioco dell'oca, torni al punto di partenza.

Un'altra cosa che i ragazzi amabili ma poco intelligenti non sanno fare è gestire bene le bugie. Per essere bugiardi ci vogliono due doti: memoria d'acciaio e una pianificazione da scacchisti.
Se no, siate sinceri! Ho incontrato ragazzi di tutti i tipi, quelli realmente sinceri, quelli che la parola "sincerità" non l'avevano inserita nel dizionario, "Mai sentita questa parola, serve ad approcciare?", quelli fedeli e quelli che si sarebbero fatti anche un tavolo pieghevole da campeggio, se avessero potuto. La cosa che fa più ridere è che all'inizio per conquistarci pensano sempre che siamo stupide, come se fossimo delle bambole: belle e basta (oppure belle quanto basta), quando in realtà non hanno capito che, oltre a essere donne, siamo degli scanner di ultima generazione dotati di sesto senso femminile infallibile, una tecnologia ancora sconosciuta agli scienziati (probabilmente perché sono tutti uomini). Insomma, siamo delle armi nucleari, pronte a esplodere e a disintegrare ogni forma maschile che ci si ponga davanti.
Nel momento stesso in cui questi casi umani pensano di averci conquistate, noi li stiamo scrutando così a fondo che vediamo anche se hanno l'appendice infiammata. Se a una distanza di 200 metri risultate intelligenti, appena vi avvicinate capiamo immediatamente se la vostra è pura gentilezza e voglia di conoscerci, oppure se è pura voglia di fare le "cose da grandi", per non dire altro. Se poi riteniamo che siano idonei a passare allo step successivo, ovvero l'iniziale "sentiamoci e usciamo", non sono comunque salvi. Alla prima telefonata capiamo immediatamente se siamo le uniche con cui si stanno sentendo o se siamo solo un piccolo e insignificante numero nelle loro infinite liste di ragazze.

COSA NE PENSA SIMONE

È vero. È anche vero il contrario, però. Ho avuto amiche e confidenti che si facevano palesemente fregare da corteggiatori seriali le cui bugie erano evidenti. Questa tipologia di truffatori è molto comune e di solito ha un database di messaggi tutti uguali, perché se dal vivo riconoscete più facilmente che stiamo nascondendo qualcosa, il linguaggio scritto è ingannevole. Dipende da come volete intenderlo voi. Avete presente la serie *Lie to me*? Il protagonista smascherava i bugiardi dalle contraddizioni fra linguaggio verbale e linguaggio del corpo, da un battito di ciglia a una grattata del naso o delle natiche. Le ragazze ci fanno caso e scoprono l'impostore: quello che dice "Ti amo, sei l'unica donna per me" mentre si tocca la spalla sinistra, rivelando il suo doppio o triplo gioco. Eppure non siete così infallibili: ho rivelato a più di un'amica che un WhatsApp di due righe con uno sdolcinatissimo complimento non era altro che un messaggio virale, inviato negli stessi tre minuti a trentasei ragazze diverse. Il problema è che, ogni volta che avevo ragione, la mia amica mi toglieva il saluto, come se averle fatto scoprire l'amara realtà sul suo spasimante e averla risvegliata dal sogno a occhi aperti non fosse gesto gradito. Da allora suggerisco: chiedi alle tue amiche che lo conoscono cosa scrive a loro. E lascio che si azzuffino o che vadano in gruppo a riempirlo di mazzate.

Lei
Online
Ma ti hanno mai detto che sei stupenda?
In realtà no… ecco…
Ecco, ci sarà un motivo
Scrivi un mes...

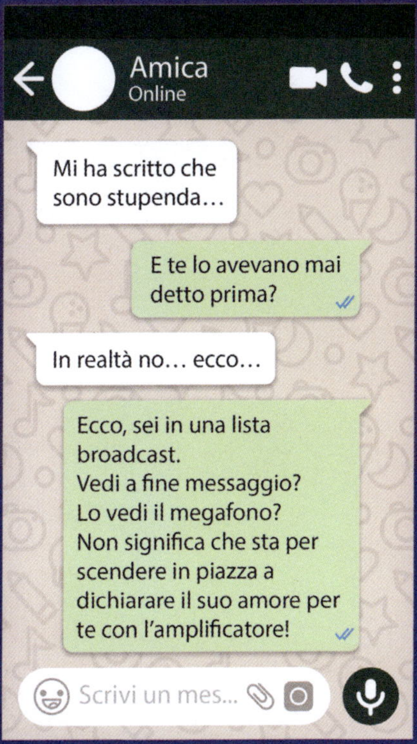
Amica
Online
Mi ha scritto che sono stupenda…
E te lo avevano mai detto prima?
In realtà no… ecco…
Ecco, sei in una lista broadcast.
Vedi a fine messaggio?
Lo vedi il megafono?
Non significa che sta per scendere in piazza a dichiarare il suo amore per te con l'amplificatore!
Scrivi un mes...

MI ROVINERÀ LA VITA?

Noi donne siamo forti, siamo macchine da guerra. Ma abbiamo una debolezza.
Il nostro tallone d'Achille, ciò che ci rende vulnerabili, quella cosa che ci fa cadere al suolo prive di forze. I ragazzi.

Ma non tutti i ragazzi: ora vi spiego meglio. Abbiamo quel particolare sesto senso che ci permette di capire se un ragazzo vuole da noi delle cose precise, ma, ahimè, quando si tratta di capire se è quello giusto, questo prezioso superpotere inizia a fare cilecca.
Il 99 per cento delle volte ci innamoriamo delle persone sbagliate, perché alcuni ragazzi sono come dei camaleonti: si mimetizzano molto bene in mezzo a tutti, si confondono e, a prima vista, sembrano del tutto normali!
Puntualmente noi ci caschiamo come delle polle, pensando che questi camaleonti azzurri siano l'amore della nostra vita, quando in realtà ce la rovineranno, cambiando colore al primo bacio e rivelandosi per i casi umani che sono.
Non è tutta colpa nostra, dai: è vero che, come abbiamo detto, il nostro sesto senso quando ci emozioniamo si indebolisce, o forse siamo noi che gli diciamo di stare zitto, tutte prese dalle farfalle nella pancia e dai nostri sogni romantici.
È altrettanto vero, però, che all'inizio tutti i ragazzi, o quasi, sembrano apparentemente normali: è molto raro che un caso umano si manifesti fin da subito! I ragazzi studiano su *wikiHow* come si fa a ingannare una ragazza. Non hanno nemmeno bisogno di sforzarsi: ci sono tutte le figure.
Di solito, le prime uscite vanno lisce: ti vengono a prendere sotto casa, ti pagano la cena, ti

riaccompagnano a casa, ti ascoltano o almeno non ti interrompono quando parli... insomma, tutto bello. Non ci verrebbe mai in mente che potrebbe trattarsi di un caso umano, perché se così fosse sarebbe troppo facile: lo *friendzoneremmo* subito, nei casi più gravi scatterebbe il blocco dei social, e via, verso un'altra possibilità. E invece, no: sono subdoli! Giorno dopo giorno la loro "casumanità" inizia a rivelarsi. Sulle prime si tratta di piccole cose: un messaggio della buonanotte senza risposta, un appuntamento dimenticato... e poi, quando ormai fa troppo male, la rivelazione.
Non vogliamo proprio ascoltare la vocina interiore che, prima sussurrando e poi sempre più forte, ci sta dicendo: "Attenta, alarm, stop, ferma, c'è qualcosa che non va, scappare, staccare, bip bip ma non lo senti il pugnale che ti si sta conficcando nel cuore?". No! Siamo sorde perché ci siamo fatte convincere, siamo entrate nella sauna quando era di un tepore accettabile e quando arriva a 120 gradi e vogliamo scappare scopriamo che la porta è bloccata da fuori e noi siamo lì dentro da sole a piangere e sudare. In quel momento la nostra voce strilla forte: "Ehi, ti sto parlando da mesi, rimbambita!!!", e non possiamo più ignorarla. Anzi, ci colpevolizziamo. Il castello che stavamo costruendo intorno al Lui di turno inizia a sgretolarsi, mentre per l'ennesima volta siamo costrette a prendere coscienza del soggetto psicopatico che ci troviamo davanti. Non avremo più paracadute: ci disintegrerà il cuore, ci spezzerà le ossa, rovinerà ogni briciola di autostima, ci ritroveremo a cantare le canzoni della nonna:
"D'amore non si muore
E non mi so spiegare
Perché muoio per te...".

Canteremo tenendo tra le mani il pugnale puntato contro il petto e lo affonderemo da sole. Addio, mondo crudele!

Allora, la domanda del secolo è la seguente: perché siamo così stupide da non agire prima? Anzi: l'unica azione che facciamo, sempre e comunque, è quella di chiuderci in camera e piangere come se fossimo un fiume in piena dopo un mese di piogge abbondanti, con nostra madre che bussa alla porta chiedendoci come stiamo, se vogliamo un bicchiere d'acqua...
"Nooo, mamma, sono più che idratata!", diremo tirando su il moccio.

LA MAMMA IN QUESTI MOMENTI È L'ELEMENTO CHIAVE.

Cercherà, in tutti i modi, di far star meglio la sua bimba: proverà a ricordare, raccontando con malinconia e amarezza, di aver vissuto le stesse situazioni da giovane e che, col tempo, ci si fa il callo. Ci rassicurerà dicendo che il tallone d'Achille a quel punto sarà coperto da strati di pelle fossile e spessa a formare lo zoccolo duro antistronzo. Come faremmo senza la mamma? La mamma sa tutto, conosce il nostro dolore e ci ricorda che, però, domani abbiamo il compito di matematica. Comprende lo strazio ma ci fa notare la camera in disordine. Senza mamma, nei momenti più drammatici saremmo perse! Dovremmo scusarci per tutte quelle volte che ci rivolgiamo a lei con dei ruggiti da pantera solo perché è entrata in camera con le migliori intenzioni consolatorie. Fingiamo di non ascoltarla, la scacciamo, diciamo di saperne

più di lei, ma è tutta una scena. Senza mamma saremmo in balia totale di questi maledetti casi umani anaffettivi e chissà come saremmo ridotte! Probabilmente io sarei vestita con materiali di plastica e mangerei soltanto junk food, anche se a dire il vero passo fin troppo tempo ai fast food... però giuro che i vestiti sono di stoffa vera, cioè almeno sono decenti ecco, e soprattutto sono neri, perché il nero snellisce e non voglio andare in giro sembrando una balena.

Trovare il ragazzo giusto è come trovare il centro della Terra: sai che esiste, ma non ci sono modi per arrivarci. Neanche facendo un buco verticale e scavando come talpe. La stessa cosa è per il ragazzo ideale: sai che esiste (o almeno te lo auguri) ma, prima di arrivarci, il Signore ha deciso che dovrai percorrere una lunga strada impervia piena di casi psichiatrici: dovrai sudare e faticare, soffrire e penare, sacrificarti e patire, prima di avere la possibilità di incontrare finalmente l'amore della tua vita. Ho la sensazione, però, che il Signore

con me abbia sbagliato qualcosa: perché da anni percorro una strada popolata solo da derelitti? Perché del Principe Azzurro non c'è alcuna traccia sul mio cammino?
Perché devo soffrire fino a questo punto? Ogni volta mi innamoro pensando che sia finalmente arrivato colui che mi renderà felice per l'eternità e puntualmente mi sbaglio. Mi immagino il Signore lassù che mi guarda e se la ride di gusto ogni volta che mi presento a uno di questi soggetti agghiaccianti. Mi guarda mentre ci scambiamo due baci sulle guance e sa già che calvario mi aspetterà. Altro che amore: la passione, sì, ma nel senso del patimento! Forse ha ragione la mamma: a furia di camminare sui carboni ardenti i talloni si anestetizzano e poi non senti più il male che fa.

A proposito di amore, tempo fa mi è accaduta una cosa: ve la voglio raccontare!
Io e questo ragazzo abbiamo cominciato a scriverci: all'inizio era un semplice scambio di domande, le solite, del tipo: come stai, come non stai, che fai oggi... cose semplici, normali. Man mano che proseguivano le conversazioni, iniziava a crearsi un rapporto diverso dal parlare del più e del meno: ci stavamo a tutti gli effetti "sentendo". Dopo ormai un mese di continuo messaggiare... mi sono decisa e ho pensato di fargli una domanda importante, per capire se effettivamente fosse pronto a una relazione seria.
"Quindi posso dire alla mamma che sei un ragazzo serio?", gli ho chiesto un po' giocosamente.
Speravo che la risposta fosse del tipo: "Certo, te lo dimostrerò".
Non avete idea. Credetemi, mi si accappona

la pelle ancora oggi, se ci penso. Mi sale il sangue al cervello, mi vengono i brividi. Ricordo ancora che ero lì, seduta sulla poltrona del salotto ad aspettare il messaggio speranzosa quando ho iniziato a leggere e rileggere: "Ma, guarda, con la mia ragazza ci sto da tre anni, però con te sarei serio".
Ah.
La sua ragazza.
Da tre anni.
Con me però sarebbe stato serio.
La mia risposta? Contatto bloccato.
No contact. Ecco la soluzione.

Vi rendete conto che sembrano veramente racconti di fantascienza e sono uomini? Nemmeno l'inventore di Godzilla se l'era immaginata così perversa la trama del film, per me un mostro che schiaccia tutto a pedate è all'ordine del giorno. Ecco, io sono a disposizione: se Hollywood ha bisogno di nuovi soggetti per film dell'orrore oppure per quelli catastrofici – del tipo che sei intrappolata nell'ascensore al millesimo piano e la tua vita dipende da un caso umano che schiaccia i bottoni a caso –, la mia vita è un ottimo terreno di ricerca. Da ogni parte spuntano mostri inaspettati o germogliano relazioni con soggetti che Alien, in confronto, è un gattino.

E QUESTA È LA MIA QUOTIDIANITÀ, LA MIA VITA. ESSERE DONNA: CHE FATICA!

COSA NE PENSA SIMONE

Eh sì, ragazze, alla fine ve lo devo dire: avete ragione. Siamo tutti un po' casi umani.
Ma provate a mettervi nei nostri panni, tutti i santi giorni nella relazione con voi dobbiamo fare uno sforzo devastante: dobbiamo capire cosa volete, cosa non volete, cosa pensate di noi, di voi, del mondo, delle cose, cosa volete fare, dove volete andare... Ogni volta è come risolvere un sudoku di livello difficile! È come giocare a Shanghai in treno. È come avere un cubo di Rubik a sette facce!
Ed è per questo che... ve lo confesso, ho tentato di barare. Non so se ci sono riuscito, questo me lo direte alla fine, ma il mio piano per capirvi doveva passare per forza da voi: ho provato a infilarmi nella vostra testa, perché solo da lì dentro potevo vedere cosa succede, di cosa sono fatti tutti i vostri "niente" quando vi chiediamo "che cos'hai?". Avevo le domande dei ragazzi, ma mi mancavano le risposte delle ragazze... e così mi sono messo da una parte e dall'altra. Mi sono fatto le domande e dato le risposte, direbbe qualcuno.
Ho provato a guardare noi maschi, noi casi

umani insomma, attraverso i vostri begli occhi pieni di mascara e lacrime facili. Ho detto: mamma, prendimi una parrucca da donna... lei è uscita prontamente (è molto gentile mia mamma, la ringrazio, non potremo mai ringraziare abbastanza le mamme...), ecco... solo che era Carnevale ed è tornata con le chiacchiere e una parrucca rosa. E va bene, mi sono detto. Sto al gioco: il rosa sui capelli è di tendenza! Così, ho messo la parrucca e mi sono trasformato, sono stato assorbito dalle ragioni del rosa. E ho iniziato a ragionare in rosa.
In altre parole, ho provato a giocare secondo le vostre regole. E devo dire che mi sono divertito un sacco!
Voi ragazze siete un mondo a parte: le vostre emozioni, i vostri sogni, le vostre speranze si muovono tutti insieme nella vostra testa creando un gran casino. C'è di tutto lì dentro, ecco perché Mary Poppins ha una borsa da cui escono lampadari e piante, vestiti e ombrelli... è una metafora! Ma con tutto quel casino straordinario, fatto di sfaccettature per noi impensabili, ci credo che poi non riuscite a rispondere alle nostre domande! Non riuscirei neanche io a spiccicar parola.

Mi riferisco alla ragazza da cui ho preso ispirazione. Lei è quella che ha deciso di chiamarmi Crush: mi vedeva come un perfetto stronzo, questo l'ho saputo solo dopo. In realtà mi inseguiva dappertutto e quando la salutavo non faceva altro che farfugliare diventando tutta rossa. Vi svelo una cosa: non ho mai capito perché scappasse a gambe levate ogni volta che le rispondevo: "Non ho capito, che numero vuoi?". Sì, è vero, una volta sono andato via io, ma giuro che ho aspettato venti minuti buoni prima di salire sul motorino, stava anche per piovere. Non ho capito una parola. Non so se voleva invitarmi al cinema, a fare una passeggiata, a giocare a burraco o insultarmi!

Da quel che posso aver capito con questo gioco voi ragazze vi innamorate, sempre, di quello sbagliato, perché il tipo ve lo individua e seleziona 'sto groviglio di roba che avete nel cervello. Poi magari lo conoscete e il groviglio aumenta, arriva alla pancia e innesca la reazione a catena e, quando arriva lì, l'infatuazione aggrovigliata e incasinata, sapete che sta diventando grave. Sentite

il cuore che batte forte, le farfalle scatenate, passate i pomeriggi a complottare con le vostre amiche su come avvicinarlo, come vestirvi, come farvi dare il suo numero e poi... immancabilmente, lui vi spezza il cuore. A quel punto siete lucide.
Piangete, vi giurate che non succederà mai più, che la prossima volta starete più attente e piano piano le vostre idee si confondono di nuovo. Ecco, quando vi sembra di aver imparato, già all'orizzonte intravedo l'ennesimo psicopatico, già pronto a sostituire quello precedente, raccogliere i cocci del vostro cuore e... spezzarlo di nuovo.
Ma non vi preoccupate, non sarà così per sempre. Prima o poi, ragazze, arriverà davvero l'amore. E quando arriverà ve ne accorgerete, perché anche se sarà un po' per caso e un po' un caso... (nessuno è perfetto!), sarà il caso umano giusto per voi!

Simone

NEW

RINGRAZIAMENTI

Vorrei ringraziare in primis mia mamma e i miei nonni, per non avermi mai negato la possibilità di inseguire un sogno e avermi sempre appoggiato in ogni mia scelta, seppur alla cieca in un mondo in cui tutti preferiscono trovare la sicurezza in qualcosa.
Grazie a voi, a te che stai leggendo queste parole, che mi segui da anni o che hai appena scoperto la mia esistenza, che hai deciso di farti due risate con me, come se fossimo vecchi amici che si incontrano dopo anni in un bar.
Grazie Sofi, credi in me più di quanto non l'abbia mai fatto io.
Grazie a Mondadori Electa per la possibilità immensa di poter mettere per iscritto ciò che dico a voce da anni e per poter andare in giro per l'Italia a vedere di persona chi mi ha sempre supportato, significa moltissimo per me.
Negli ultimi mesi abbiamo affrontato un periodo difficile a causa del Covid-19: sono vicino a tutte le famiglie colpite da questa disgrazia, siate forti. Spero di potervi abbracciare presto, non vedo l'ora.

Crediti fotografici

Federico Laddaga: foto di copertina e pp. 2, 8, 11, 25, 28, 34-35, 50, 54, 60-61, 63, 75, 81, 86-87, 102-103, 106, 112-113, 122-123, 131.

Si ringrazia Saverio Notari per la foto in quarta di copertina, a p. 142 e per i meme alle pp. 7, 17, 31, 41, 57, 68, 82, 92, 109, 117, 126, 135.

Pubblicato per

MONDADORI ELECTA

da Mondadori Libri S.p.A.
© 2020 Mondadori Libri S.p.A., Milano

Progetto grafico e copertina di Milkshake Studio

ISBN 978-88-918-2817-0

Prima edizione: settembre 2020

Anno 2020-2021-2022 Edizione 1 2 3 4 5 6 7 8 9 10

Questo volume è stato stampato presso
Elcograf S.p.A., via Mondadori 15, Verona
Stampato in Italia - Printed in Italy